インフルエンスは「熱量」で起こす

MARKETING BIG BANG

マーケティング・ビッグバン

長瀬次英

CCCメディアハウス

はじめに

「現場に足を運ぼう」
「顧客に直接聞こう」
「人に会って話そう」

およそ「デジタル」とは遠いこれらの言葉。けれども、日本初のＣＤＯ（最高デジタル責任者）となった僕が最も大切にしている考え方が、ここに集約されている。

僕は２０１５年、世界最大の化粧品会社ロレアルグループの日本法人（日本ロレアル）で、国内では初めて設けられたＣＤＯという役職に就任した。デジタル施策全般のリーダーとして、社内のあらゆる場所にデジタルを導入し、会社全体の変革を実行することが、その役目だ。

ただし、ＣＤＯという肩書きが持つイメージからは驚かれるほど、アナログなこともたくさんやってきた。というよりも、むしろアナログな部分のほうに圧倒的に時間をかけた。

なかでも、僕が一貫して大切にしてきたのが「現場」だ。現場で人に会うこと。直接、人と話すこと。非デジタルな人と人との接点を最も重視した。その理由は、「人とつながること」がデジタル時代におけるビジネスの本質だと考えているからだ。それも、できるだけ直接つながりたい。

ロレアルに勤める前は、人がオンライン上でつながる場、つまりＳＮＳの代表をしていた僕が、「現場」だの「直接」だのと言うことに違和感を覚える人もいるだろう。けれど、フェイスブックやインスタグラムといったＳＮＳ企業で、デジタルにおける人と人とのつながりとはどういうものかを身をもって学んだからこそ、直接人に会うこと、現場に足を運ぶことの大切さに目覚めたとも言える。

近年、デジタル技術の発展と普及によって、ビジネスのあり方は大きく変わっている。でも、「デジタルマーケティング」なんてものは存在しない。あるのは「デジタル時代におけるマーケティング」だ。デジタルとは、人とつながる手段のひとつに過ぎない。

そもそも「デジタル時代」とは一体どんな社会だろう？　それは、「個人により近づける社会」だ。誰もがスマートフォンを持ち歩き、そこで日常生活のほとんどが完結できるようになった現代は、企業から見れば、個人の情報を得やすくなった時代と言える。わずか10年前と比較しても、個人を知ることが格段に容易になった。

そんな時代にあって、個人を無視することなどできない。どんな業種のどんなビジネスであっても、より個人を知り、個人と直接つながるビジネスへとシフトしていく必要がある。個人と企業との距離を縮め、関係性を構築することこそ、デジタル時代のビジネスで最も重要なことだと僕は考えている。

では、どうやって人とつながればいいだろうか？

キーワードは「熱量」だ。熱量こそが、人と人、企業・ブランドと人とをつなぐ鍵となる。なぜなら、人は熱量の高いものに引き寄せられるからだ。熱量が高ければ高いほど、引き寄せる力は強くなる。だから、まずは熱量の高いところでビジネスをする。熱量の高い人たちとつながる。これが要となる。

頭がいいだけでは、人とつながることはできない。感情が豊かなだけでは、人とつながることはできない。必要なのは、ＩＱ（知能指数）でもＥＱ（感情指数）でもなく、ＮＱ（ネットワーククオリティ）だ。

そして、このNは「熱量」のNでもある。つまり「熱量クオリティ（NQ）」こそが、より人とつながるために求められる資質なのだ。逆説的に思えるかもしれないけれど、デジタル化が加速するほどに、熱く血の通った人間同士のつながりがより重要になる。

そして、熱量が最も高くなる場所、それが「現場」だ。だからこそ、現場で人とつながるために、僕は足を使う。自ら相手のところに出向き、直接会って話をする。僕が自分自身を「誰よりもアナログなCDO」と言う理由はここにある。

インフルエンスは現場で起きている。現場にこそ熱量がある。インフルエンサーの熱は現場で作られ、それがオンラインで配信されているに過ぎない。熱量に満ちた現場に足を運び、いかに人に近づき、人間関係を作るか。それを模索していくことが、デジタル時代におけるマーケティングの本質だ。

本書では、僕自身が大切にしている「熱量」「現場主義」といったキーワードを軸に、デジタル時代のビジネスやマーケターの役割がどう変化しているのか、そしてどうあるべきかについて、僕なりの考えを提示する。読んだ人にとっては新しい発見があるかもしれないし、何となく感じていたことの裏付けを掴んでもらえればいいとも思う。いや、それよりも、昔から変わることのない本質を思い出してもらえると嬉しい。

ただし、僕の考えが唯一無二の正解だとは思っていない。だから本書を読んで、疑問に感じたことや意見があれば、ぜひ直接連絡してほしい。質問があれば聞いてくれても構わない。意見の違う人と議論をするのも楽しみだし、本書を読んだ人のコミュニティで一緒に何かできたら面白いだろうとも思う。ぜひ、読んだ人同士でどんどんつながってほしい。それはまさに熱量が起点となったつながりだ。

本書から、僕の熱量があなたに伝わると嬉しい。そしてこの本が、あなたが今以上にビジネス、そして人生に熱量を発揮するきっかけとなることを心から願う。

2020年7月

長瀬次英

長瀬次英の経歴

・１９７６年、京都府綾部市生まれ。中央大学総合政策学部国際政策文化学科卒業。
・２０００年、当時日本最大の国際通信電話会社であったＫＤＤ（現・ＫＤＤＩ）に入社。国際部、ワイアレスビジネス推進部、海事衛星通信事業部、サービス企画部などに勤務。
・世界最古・最大の広告会社ジェイ・ウォルター・トンプソンの日本法人で、アカウントマネージャーとしてボーダフォン、ニュージーランド政府観光局、ユニリーバなどを担当。
・世界最大の消費財メーカー、ユニリーバの日本法人でアジア地域のブランド開発責任者として主に飲料を担当した後、同オーストラリア法人にてアジア地域ブランド開発マネージャーを務める。
・世界最大のヘルスケアＭＬＭ企業ニュースキンの日本法人でマーケティング責任者に就任。のちに新規事業戦略本部長を務める。
・世界最大のＳＮＳ事業者であるフェイスブックの日本法人でクライアントパートナー／ブランドビジネス開発責任者を務めた後、２０１４年、世界最大の写真共有ＳＮＳ、インスタグラムの初代日本事業責任者に就任。
- 2015年、世界最大の化粧品会社ロレアルの日本法人における初代CDO（最高デジタル責任者）に就任。
- 2018年、エンターテインメント企業LDHジャパンの執行役員兼CDOに就任。
- 2019年、ペンシル&ペーパーおよびビジョナリー・ソリューションズを設立、CEOに就任。自ら新たなビジネスを開始すると同時に、アパレルブランドのCEOやブランドコンサルティング会社のCSO、顧問業を務めるほか、様々な企業や事業に参画し、それらを同時平行させるパラレルワーキングを実践している。

目次

第2章 デジタルだから「現場主義」

第3章

熱量フィロソフィー

第4章 マーケティングで何が起きているのか

第5章 マーケターよ、熱くなれ

第6章　熱量の原点、そして未来

プロローグ ――FALL in LOVE＝マーケティング

デジタル技術によって個人に近づくことが可能になったこの時代、マーケティングの役割は「顧客を知ること」「顧客に近づくこと」だ。

でも、それって昔からやってきたことじゃないだろうか？　デジタルのおかげでたしかに顧客に近づきやすくなったけれど、本質は何も変わらない。時代が変わっても、どんなにテクノロジーが発達しても、マーケティングの目的は同じ。人を相手にする以上、目指すべきは「人を知ること」だ。

月曜日の朝8時、あなたは仕事前にコーヒーでも飲もうと、オフィス近くのスターバックスに入った。そこであなたは、これまで見たこともないくらい素敵な女性を見つけた。ぶっちゃけ、一目惚れ。いいなぁと思ったものの、すぐ会社に向かわなきゃいけない。後ろ髪を引かれる思いで、そのまま店を出る。

翌日の火曜日、あなたはどうするだろう？　もう一度あの女性に会いたい、そんな気持ちで同じ時間に同じスターバックスに行くんじゃないだろうか。もしそこで彼女に会えなかったら、水曜日も行ってみるかもしれない。彼女もスーツ姿だったから、もしこの近くで働いているのだとすれば、いずれまた会えるはず。

そんな期待をよそに、火曜日も、水曜日も、木曜も金曜も、彼女はいなかった。ひょっとすると、たまたま立ち寄っただけで、普段この近くには来ないのかもしれない。いやいや、結論を出すのはまだ早い。ひとまず土日は飛ばすとして（行ってみるかもしれないけれど）、次の月曜日に賭けてみよう。前回と同じ、朝8時にスタバへ向かう。

いた！　間違いなく、あの彼女だ！　やっぱり素敵だなあ。すっかり目がハートのあなた。とりあえず、毎週月曜の朝8時にスターバックスに行こうと心に決める……。

実は、今のマーケティングや広告もまったく同じ。ターゲットがいる場所を探し、接点を絞って、会いたい人に確実に会いに行く。それがすべてだ。

彼女が月曜朝8時にスタバにいることがわかったあなたは、同じ曜日・時間に足繁く通う一方で、他の曜日はあまりスタバに行かなくなるかもしれない。なぜかと言えば、予算が限られているからだ。たしかに他の曜日でも彼女に会える可能性はゼロではないかもしれないけれど、月曜朝8時のほうが確実だ。予算や時間を節約するために、広告もなるべく無駄打ちを避ける。

また、接点をできるだけ長く確保したいから、8時じゃなくて、もう少し前の7時半とか7時45分とかに店に入っておくようにするかもしれない。彼女が何時から何時まで店にいるのかを探り、最も効率的かつ効果的に接触できるポイントを探る。そう、フリークエンシー（接触頻度）を高めるのだ。

おかげで、7時45分に店に入っておけば、彼女が入店するところから確実に押さえられることがわかった。彼女が店を出ていくのは大体8時20分すぎ。だから、ひとまず8時30分まで店にいるつもりでいれば大丈夫だ。これで、毎週月曜の朝に、およそ30分の接点を作ることができた。

次はどうする？　どうやら、ただ同じ時間に店にいるだけでは、いつまで経っても彼女の視界には入れそうにない。月曜の朝だし、仕事のことで頭がいっぱいなのかな。それとも、週末の出来事がまだ心に残っていて、このスタバで仕事モードに切り替えようとしているのかもしれない。

そこであなたは、彼女の目に留まるようなことをやり始める。いくら広告を出してもターゲットに気づいてもらえなければ意味がないのと同じで、なんとかして認知を上げようとする。派手な色のネクタイをしたり、眼鏡をかけてみたり、香水をつけてみたり。周りよりも目立つことで競合との差別化を図り、彼女にアピールするのだ。

努力の甲斐あって、彼女もあなたを認識してくれるようになった！　では次は？「どうも」なんて軽い挨拶から始まって、「今日も暑いですね」とか「最近この店、混んでいますよね」とか、ちょっとした会話をするようになる。つまり、コミュニケーションを取り始める。いろいろな広告を出してターゲットの反応を探り、さらに近づこうとするわけだ。

かつてのマーケティングは、ここまでが限界だった。ターゲットに認知してもらい、何度も接点を持って、それでも購入してもらえないことのほうが多かった。だから、とにかく「打てば当たる」の精神で、マスに向けて広く打ち続けるしかなかった。

でも、今は違う。あなたはもっと彼女に近づける。

彼女とコミュニケーションを取る中で、あなたはもっと彼女のことを知りたいと思うようになった。そこで徐々に会話を多く、長くしていき、仲良くなれるように努力を続ける。「職場はこの辺りなんですか?」「どんなお仕事をされているんですか?」といった質問を通して、どんどん詳しい情報を引き出していく。

そしてついに、彼女の名前、年齢、仕事、住んでいる場所といった個人情報をゲットする。名刺交換をしたのかもしれない。さて、次はどうしよう? もちろん、フェイスブックで探してみるよね? もしかしたら名前でググってみるかもしれない。

でも、ちょっと待てよ。彼女にも僕の名刺を渡したし、出身地や住んでいる場所のことも話した。ということは、彼女だって同じように僕のことを検索する可能性があるってことだ。そりゃ大変! 今すぐ恥ずかしい投稿を削除しないと……と慌てるようでは、ビジネスでは命取り。

企業は、自社が検索されたときにどういう状態になっているかを常に確認しておく必要がある。いちばん見せたいものがいちばん先に表示されているだろうか。クレーム記事や昔の失敗を並べ立てるようなサイトが上位に来ていないだろうか。SEO対策は、せっかく自ら接点を持ってくれたターゲットを逃さないための方策でもあるのだ。

とにもかくにも、彼女のフェイスブックを見つけた。やっぱり素敵な人だ。いつもセンスの良いものを食べている。それに、彼氏はいないみたいだ。よし、デートに誘おう！　それには、個人の連絡先を知っておきたい。

次の月曜日、あなたは会話の中でさりげなく、かつ巧妙に、ＬＩＮＥを交換することに成功。これさえあれば、わざわざ月曜朝にスタバに来る必要はない。だって、いつでも自由に直接連絡できるのだから。企業も、ここで広告を出すのをやめる。これから先は、顧客に直接アプローチできるからだ。

連絡先がわかれば、あとは目的次第。一度デートをしてみたいだけなのか、長く続く関係を作りたいのか、あるいは結婚まで見据えているのか。ＫＰＩとゴールに合わせて、その後のプランを立てる——ランチに行くのか、ディナーに行くのか。それとも休日の映画に誘うのか。

マーケティングで言えば、１回だけ購入してもらえればいいのか、リピートしてもらいたいのか、もしくは会員登録してもらう必要があるのか。ビジネスによってゴールは様々だし、それぞれにふさわしい〝誘い方〟があるだろう。

でも何にせよ、あなたの手元には、これまで築き上げた関係性と、そこから知り得たたくさんの情報がある。それは重要なデータであると同時に、貴重な資産となっている。

恋愛もマーケティングも、ターゲットを見つけた瞬間にそれは始まる。その後どうすればいいかなんて、実はみんな知っている。デジタルの発達のおかげで、企業も顧客に対して、より人間的なアプローチをすることが可能になっただけのこと。
だからこそ、何事もアナログ的に考えられる人ほど、本当の意味でデジタルを活用できると僕は思っている。そうでなければ、単に表面的にデジタルを駆使するだけの「ＥＣが得意な人」にしかなれない。

人間らしい人ほど、実は優秀なデジタルマーケターになる可能性が高いのだ。

それって、ちょっと考えれば当然のことだとわかる。だって、リアルでたくさん体験し、リアルでたくさんコミュニケーションをしている人のほうが、人との接し方をよく知っているのだから。
反対に、モテないくせに、自分はＥＣを理解しているとかデジタルが得意だとか言う人の限界を、これまでに僕はたくさん見てきた。モテないっていうのは要するに、人とのコミュニケーションが取れていないということ。そんな人にマーケティングを語る資格はない。

第1章

日本初のCDO

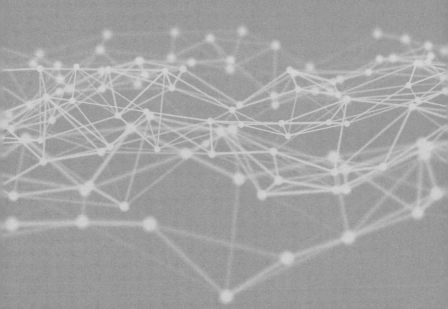

誰よりもアナログなCDO誕生

2015年、日本ロレアルに「CDO（チーフ・デジタル・オフィサー）」というポジションが新たに置かれた。日本ではまだ耳慣れないかもしれないけれど、欧米ではすでに様々な大手企業で設置され、注目されている役職だ。国内でこの役職ができたのは日本ロレアルが初めてで、そのポジションに就いたのが僕だった。「日本初のCDO」の誕生だ。

日本ロレアルは、フランスに本社を置く世界最大の化粧品会社ロレアルグループの日本法人。〈イヴ・サンローラン〉や〈メイベリン ニューヨーク〉〈シュウ ウエムラ〉〈ランコム〉など、20以上の著名なブランドを抱えている。

CDOとは、日本語にすれば「最高デジタル責任者」だ。CEOが「最高経営責任者」で、CFOは「最高財務責任者」、CMOは「最高マーケティング責任者」。それらと比べると、CDOとは何をする役職なのか、いまひとつわかりづらい。簡単に言えば、組織全体のデジタル戦略を統括し、経営の視点を持って必要な改革を推進する、というのがその役割で、いわば組織におけるデジタル全般の旗振り役だ。

この説明だけを聞くと、いかにもデジタル至上主義で、パソコンの画面ばかりを見て、あらゆる場面でデータを駆使しているような印象を受けるかもしれない。けれど、僕が実際に行っていた仕事は、決してそうではなかった。

ＣＤＯという役割の本質は**「ソリューションを提供し、新たな価値を創造すること」**だと僕は考えている。解決すべき問題に取り組み、さらなるビジネスの向上を図るために、戦略を立て、ひたすら実行に移していく。その主な手段としてデジタルを活用するということであって、何もかもをデジタル化することが目的では決してない。

組織が抱える様々な問題・課題へのソリューションを構築し、それを実行するには、デジタルだけでなく、社内外のヒト・モノ・カネやそれらの流れといった、ありとあらゆることに目を配る必要が出てくる。その中には当然アナログなこともあるし、実は結構、泥臭い仕事もある。

デジタルシフトとは何か

CDOに求められる重要な任務は、組織のデジタルシフトだ。

でも、「デジタルシフト」って何だろう？　ツールを使って業務を効率化すること？　各種データを集めやすくすること？　あちこちに散らばっているデータを一元化すること？　ペーパーレスを徹底して、コンピューターですべてを完結させること？　あるいは、店頭にデジタルサイネージを置いたり、顔認証システムを使ったりすること？　それらは手段ではあるかもしれないけれど、デジタルシフトの本質ではない。

デジタル技術が発展した現代社会というものを考えるとき、ビジネスをする側にとって重要な視点は、ひとりひとりの顧客、つまり「個客」を理解することが可能になってきた、ということだ。

人々はスマートフォンやパソコンを使って情報を得たり、モノを買ったり、人とつながったりして、その結果、個人の行動や趣味・嗜好が、大量のデータとして日々蓄積されている。また、SNSの普及によって、個人が自由に発信したり、他人の投稿にリアクションをしたりする機会も、爆発的に増えた。これらの行動もまた、すべてデータという形で記録される。

このことは、ひと昔前に比べて「個」のデータを圧倒的に集めやすくなっていることを意味している。企業はより「個」を理解し、「個」に近づけるようになったのだ。言い換えると、「個と向き合うビジネス」が可能になったということでもあるし、同時に、それが求められる時代になったということでもある。

近代化以降の大量生産・大量消費時代のビジネスでは、顧客である個人について知ることは不可能だった。だから、大衆（マス）に向けた商品を作り、大衆（マス）を意識した広告を出し、大衆（マス）をマーケティングすることで多くのビジネスは成り立ってきた。けれども、そういう時代はもう終わった。多岐にわたる取捨選択を迫られるコロナ危機というものを迎えた今となっては、その変化は一層劇的だ。

現代は、自社の製品を買ってくれる顧客が、どんな生活をしていて、どんなものを好み、どんな行動を取っているのか、デジタルの力を借りて知ることができるようになった。さらに、その顧客が本当のファンになってくれる可能性があるのかどうかも推測できる。ひとりひとりの詳しい個人情報を集めることだって、技術的には可能だ（倫理的な問題は残るけれども）。

デジタルがビジネスのあり方を変えたのは、まさにこの点だ。今の時代においては、大衆に目を向けるのではなく、いかに顧客を知り、顧客に近づき、関係性を作っていくかを考えることが重要になる。自社に本当に必要な「個客」を見極める時代。これまでとは発想を180度転換させなければいけないわけだ。

でもそれは、何も特別なことではなく、実はほとんどのビジネスが昔からやってきたこと。店頭で顧客の声を聞く、あるいは、御用聞きのように注文を取りに行く。そう、サザエさんの家に出入りしている三河屋のサブちゃんと同じだ。やるべきことは今も昔も変わらない。デジタルという非常に便利なツールが、その手段のひとつに加わったというだけのことだ。

つまり、組織におけるデジタルシフトの本質は、**「デジタルを最大限に活用して、より顧客を知り、顧客との距離を縮めること」**。デジタルによってアナログの関係を構築する、という言い方もできるのかもしれない。何にせよ、人とつながるため、血の通った「人間関係」を作るために、デジタルはある。

ただし、デジタルによってある程度は顧客に近づくことができて、人間関係を構築するきっかけくらいは作れるけれども、最後には、やっぱり現場が重要になる。現場を無視して、デジタルシフトを進めることはできない。

ロレアルのデジタルシフト

僕が就任した当時、ロレアルがＣＤＯに期待していたことも、当然デジタルシフトを進めることだった。デジタル技術を活用して、ひとりひとりの顧客をより深く知る。顧客との関わりを見直し、長く付き合っていける関係性を構築する。デジタルの力を借りることで、会社としてのあり方を「商品ファースト」から「顧客ファースト」にシフトさせようとしていたわけだ。

ロレアルがこうした変化を求めていた背景には、それまでのビジネスモデルでは顧客に近づけない、何かを変えていかなくてはいけない、という危機感のようなものがあった。急速に変化しているマーケットで顧客に選ばれるブランドであり続けるには、どうすればいいのかを模索していた。

それまでのロレアルは、プロダクトアウト型の商品開発がビジネスモデルの中心。技術力がすべてであり、良い商品があるから売れる、という考え方が会社の根底にあった。もっと言えば、顧客に対して「良いものだから買いなよ」という〝上から目線〟の意識が、社員たち、そしてブランドの意識の中にも蔓延していた。

実際ロレアルグループは、日本を含む世界5拠点に研究開発センターを有していて、研究開発において優れた実績を持っている。だから、言うまでもなく技術力は確かなものだったし、従来のマーケットではそのやり方でも良かったのかもしれない。

けれども、環境は刻々と変化している。誰もがひとり1台のスマートフォンを持ち、ほとんどのことがインターネットおよびデジタル上でできてしまう世の中では、いくら「良いものがあるよ！」と叫んでも、ひとりひとりの顧客にアプローチできなければ、マーケットで生き残ることは難しい。

ロレアルも、もっと顧客に近づき、顧客中心のビジネスモデルに転換していかなくてはならなかった。**それまでの商品ファースト・ブランドファーストの発想から脱却し、顧客ファーストへと進化する。それはまさに「ビッグバン」とも呼べる発想の大転換だ。**そして、そ

マインドセット・ビッグバン

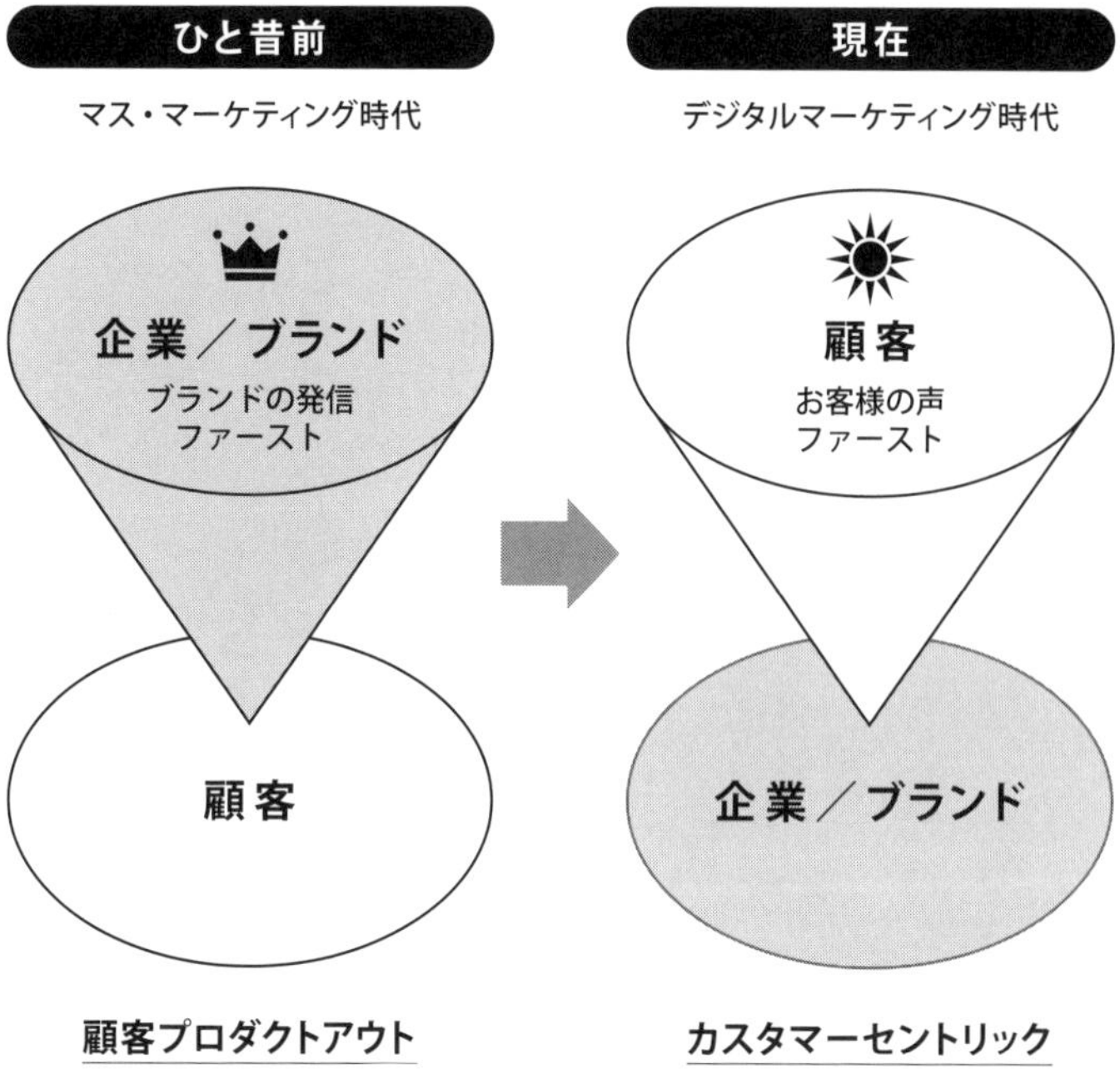

れを実現する試みは、全従業員のマインドセットを変えるところから始まり、組織のあらゆる構造を見直すという一大改革でもあった。

改革と名が付くからには、並大抵のことでは実現できない。確固としたビジョンと力強いリーダーシップが求められるのは当然のこととして、組織の隅々への周知徹底、いわば草の根レベルでの意識改革も不可欠だ。

そこで僕は、デジタルシフトの目的を「顧客との距離を縮めること」と定義した上で、それを社内に浸透させるところから始めた。デジタルにすることが大事なのではなく、こんなデジタルな時代だからこそ、ひとりひとりの顧客を知るところから始めることが最優先課題なのだ、という認識を社内全体で共有する必要があったからだ。

改革はトップダウンで

ロレアルでのデジタル改革を推し進めるにあたって、僕はあえてトップダウンを意識した。改革で何より大事なのは「スピード感」だ。特に改革の初期段階では、ボトムアップでは何事も遅々として進まない。外部から〝その道のプロ〟がやって来て、どんどん改革を推し進め、みんなを引っ張っていく、というスタイルが時には必要だ。このときのロレアルはまさにそういう状況にあったし、僕自身、〝その道のプロ〟として呼ばれたことを十分理解していた。

当時のロレアルにあってＣＤＯは、デジタル改革の旗振り役であると同時に、そこには執行力、ドライブ力が必要だった。でもそれは、言い方を変えれば、社内にＣＤＯという役職を設けたことで、判断と責任はすべてＣＤＯに任せられるということ。結果として、決断・実行にスピードが生まれ、勢いが増していったように思う。

もちろん、当時の社内にはデジタルシフトに懐疑的な人や、いわゆる抵抗勢力というのも確実にいた。けれど、そうした声をすべて聞いていても始まらない。「みんなの声を聞くことが大切」という意見もあるけれど、それは時と場合による。ロレアルにはもともとトップダウン寄りのカルチャーがあったので、それを踏襲したという側面もある。

改革とは会社の文化を変えることだ。文化の強みは残しつつ、さらに良くするための変化を起こす。

デジタルシフトはビジョンの再定義から

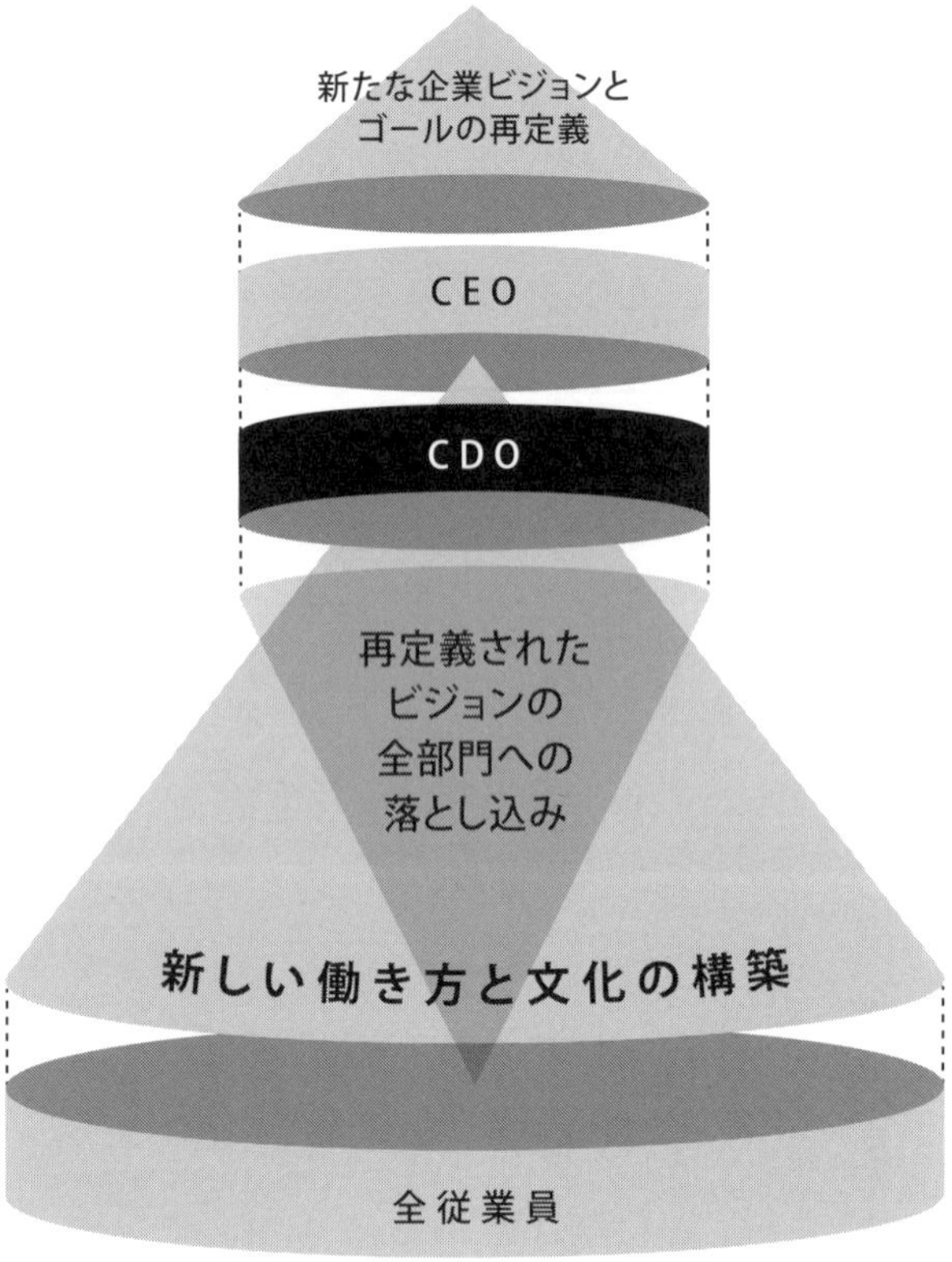

僕はこれまでの経験から、組織を改革するには、トップダウンか、もしくは思いきりフラットに進めていくか、どちらかであるべきだと考えている。ただし、デジタルシフトのようなビジネスの根底を揺るがす改革に着手する場面では、トップの強い思いで全員を引っ張っていくしかない。そうでないと、スピードが落ちるだけでなく、改革への意欲、つまり熱量も下がってしまう。

だからロレアルでも、まずは経営陣の教育から始めた。彼らには、デジタルシフトのビジョンとゴールを念入りに説明し、なぜ今、変革が必要なのかを懇々と伝えた。デジタルシフトの重要性を理解すれば、彼らはビジョン達成のために考え、動き始める。たとえば、百貨店と相談しなくてはいけない、サプライチェーンを変える必要がありそうだ、在庫管理はどうか、デジタル人材の定義と採用の見直しも必要……といった課題が次々と浮かび上がってくる。

そうして経営陣の熱量が上がったら、それが中間管理職に伝播し、その下の一般社員へと波及する。さらに外部のパートナーや顧客にまで熱量が伝わっていけば、その改革は成功と言えるだろう。ロレアルは、それをやってのけた。しかもグローバルレベルで。

全社員へのデジタル教育

ただし、経営陣のデジタルシフトへの意欲（熱量）が高まったからといって、それだけで改革がスムーズに進むわけじゃない。改革の遂行には、経営陣だけでなく、すべての社員に対してもデジタル教育を行うことが欠かせない。

会社全体の意識を変えるということは、中間管理職は言うまでもなく、すべての一般社員から店舗スタッフ、もっと言えばオフィスの清掃員や外部の取引先関係者までも含めて、文字どおり、会社に関わる人すべてにまで行き渡らせなくてはいけない。そこまでやらないと、組織なんてそう簡単には変わらない。

ロレアルに限ったことではなく、デジタルは今や会社のすべての部門・部署に関わっている。社をあげてデジタルシフトを図るとなれば、あらゆる面での変革が必要だ。

たとえば、いくらマーケターがデジタルを活用した新しい販売戦略を打ち立てても、それを実行し、うまく回していくには、様々な部署との連携が必要になる。それまでほとんどやっていなかったＥＣ（ネット通販）を本格的に運用するとなれば、これまでとは違った注文の入り方をするだろうから、それに応じた流通体制を整えなくてはならない。ある日突然ネットでバズろうものなら、一気に注文が殺到し、生産や倉庫運営が追いつかなくなるかもしれない。そうなれば大きな機会損失だ。

それを避けるには、商品倉庫に新たにＡＩを導入して、在庫管理から発送までをコンピューターで一元管理できるようにする必要がある。それまでやってきたイレギュラーな対応が難しくなれば、デジタルを駆使することで、個別対応を前提とした販売方法を見直すようにもなるだろう。

このように、ある部分をデジタルに変えただけでも、そこから様々な問題・課題が派生し、至るところで変化が求められるようになる。だから、改革という名のもとにデジタルシフトを実現するなら、社全体でその認識を共有しなければうまくはいかないし、そうでなければデジタルシフトをする意味がないと言ってもいい。

なぜ今、デジタルが必要なのか。何を目指すのか。そのためには何をどういう順序で進める必要があるのか。デジタルを進めると何が変わり、それによって自分の仕事はどうなるのか。会社はどこに向かっていくのか……。

デジタルシフトの目的は「顧客との距離を縮めること」だとして、ではなぜそうするのか。**それは売上を伸ばし、利益を増やし、これから先もずっと顧客を大切にして、顧客に愛される企業・ブランドであり続けるためだ。**

そうしたことを丁寧に伝え、そして納得してもらう必要がある。納得して賛同してもらえなければ、結局はうまく回っていかないからだ。

こうして最初の1年は、このエデュケーション（社員教育）にかなり力を入れることになった。熱い宣教師のごとく、社内のあらゆる部署・場所に直接足を運び、デジタルシフトの大切さ、その目的などを伝えることに時間を費やした（ロレアル以外でも、携わるほとんどの企業・事業で、僕は同じことをしている）。

また、全社員にデジタルを学ぶ機会を提供することにも注力した。外部の講師を定期的に招いてセミナーを開催したり、もともとあった社内のEラーニングにデジタル系のコンテンツを充実させたりして、体系的に学べるようなプログラムを整えていった。ある意味では、顧客を知る前に、これらの教育を通して社内の仲間を知ることから始めた、ということにもなる。

売上を生む場所をシフト

もちろん、教育だけではデジタルシフトは進まない。具体的にデジタルに移行する施策を立案し、実行していく必要がある。

ロレアルの場合、真っ先に考えなくてはならなかったのが、売上を生む場所をデジタルに変えることだった。それまでは、ドラッグストアをはじめとする小売店に卸す以外では、デパートの化粧品売り場と自社の路面店だけが、顧客に直接販売できる場所だった。それでは「顧客との距離を縮めること」は難しい。

そこで、SNSを含めたオウンドメディアを開始し、新たに自社ECを導入、さらに外部のオンラインモール（アマゾンや楽天市場など）への出店なども推進して、オンラインでの購入比率を増やすことにした。ロレアルが抱える20ほどのブランドそれぞれで、オンラインショップを用意することにしたのだ（なかには、検討したが作らなかったブランドもある）。

もしかすると「なんだ、そんなことか」と思ったかもしれない。たしかに、多くのメーカーが自社ECを行っているし、それ自体は目新しい取り組みとは言えないだろう。ここで重要なのは、何のためにそれをやるかだ。他社もやっているから、という理由では当然ないし、落ち込んでいる売上の穴を埋めるためでもない。

顧客をもっと知るための、顧客との接点を持てる場としてのオンラインショップ。これは、顧客への直販の機会が少ないメーカーにとっては大きな発想の転換となる。

自社サイトで購入してもらうことで、顧客情報を収集できるだけでなく、顧客との関係性を築くことも容易になる。たとえば購入後のサポートもそうだし、新製品の情報などを配信するメールマガジンや、SNSのダイレクトメッセージもそうだ。

これらのことは、オンラインの世界では当たり前でも、実店舗で行うのはハードルが高い。もちろん店舗スタッフは様々な工夫をして、これまでも顧客との関係性を築こうと努力してきた。でも、それにはやはり限界がある。たまたまアイラインを買いに来た顧客について、その場でどれだけの情報を得られるだろう。根掘り葉掘り聞いて、かえって嫌がられてしまうかもしれない。

でもオンラインなら？ アイライン1本だけでも、配送に必要な名前・住所・電話番号にメールアドレスという重要な個人情報を一気に得られるだけでなく、アンケートを用意しておけば、仕事や趣味など様々なことについて答えてくれるかもしれない。クーポンや送料無料、「今ならサンプルを差し上げます」といった付加サービスがあれば、嫌な気もしないはずだ。

また、言うまでもなく、オンラインショップの最大の強みは、空間を超えられることだ。デパートや路面店に足を運んでくれる少数の顧客ではなく、全国……いや全世界の顧客からのアクセスがあるわけだから、集められるデータも膨大になる。と同時に、物理的な距離に関係なく、公平に顧客を大切にできる。つまり、顧客側にとっても大きなメリットがあるということ。

これは、企業側のメリットと捉えるか顧客側のメリットと捉えるかの違いだけれど、単に言い方を変えただけとも言える。でも、こうした表現の違いひとつで、オンラインショップのコンセプトは変わる。すると、取り組み方もアクションも変わってくるし、熱量の伝わり方にも変化が出る。細かいけれど、実は重要なポイントだ。

顧客の熱量を上げる

繰り返しになるけれど、オンラインショップを始めて売上が増えて良かったね、という話ではない。

もちろん、販路が増えて売上が伸びるのは大事なことだけれど、それよりも重要なのは顧客に近づき、顧客を知ること。では、顧客のことを知ってどうするのか？ サポートやメールなどを通じて、ブランドと顧客との関係性を築いていこう。これは、情報が多すぎる現代では非常に大切だ。

そうやって関係性を築くと、どうなるか？ 企業が顧客のことをより詳しく知るように、顧客もブランドへの理解を深めてくれる。友人に勧められてアイラインを買ってみただけだった顧客が、他の商品やブランドのコンセプトに触れることで、ブランドそのものを好きになり、ファンになってくれる。

ファンになった顧客は、当然、アイラインだけでなく他の化粧品も購入してくれるはずだ。何年にもわたって使い続け、熱烈なファンになってくれる可能性も高い。そうした熱いファンに支えられたブランド・企業は、時代がどんなに移り変わっても愛され、生き残り続けるだろう。

要するに、そういうファンの芽を集め、丁寧に育て、いわば相思相愛の関係を作っていくための入り口が、オンラインショップだ。デジタルシフトの目的は「顧客との距離を縮めること」と言ったけれど、入ってきてくれた顧客にはどんどん近づいていき、顧客からもどんどん近寄ってもらい、そうして互いに離れがたい存在になる……それが理想だ。

だから、何かを買ってもらって終わり、では意味がない。理由は何であれサイトを訪れ、何かを買ってもらったなら、もっとブランドのことを知ってもらい、好きになってもらい、ファンになってもらえるよう働きかけていくことが大切だ。

言い換えると、**ブランドに対する熱量を上げていく**、ということ。好きになるきっかけは人それぞれだし、熱量が上がるスピードも違うだろうけれど、一度熱量が上がってしまえば（つまりファンになってしまえば）、よほど酷い仕打ちをされない限り、人の熱量というのはそう簡単には下がらないものだ。だからこそ、熱量を上げるための仕組みや場所を用意しておかなければいけない。
ロレアルでは、各ブランドの公式サイトやオウンドメディアに、ブランドのストーリーを掲載することを重視した。ブランドの歴史、デザイナーの思いや背景、あるいはブランドが目指す世界観などを伝えることで、それに興味を持ち、共感してくれる顧客を見つけ、育てられるからだ。

さらに、購入者に対してアンケートを実施したり、サンプルを提供したり、そういった交流を通して、より強いつながりを築いていく。その結果、顧客についての理解を深められれば、もっと顧客を大切にすることができる。大切にされれば誰だってうれしい。だから、ファンになってくれる可能性も一層高まる。

そうやって顧客ひとりひとりの熱量を上げていくには、どれだけ深くリーチできるかが重要になるけれど、そこでもデジタルの強みを発揮できる。まずはオンラインショップの稼働率を上げ、より効率的かつ効果的に顧客との接点を作るために、細かいＫＰＩ（目標値）を設定して、ひとつずつクリアしていけばいい。

「熱量を上げていく」「ファンを育てる」と言うと漠然として曖昧な印象があるかもしれな

いけれど、デジタルの力を使えば、ひとつひとつのアクションをデータとして分析できるし、それをもとに次に打つ手を考えることもできる。

ロレアルが持つブランドには、それぞれに、他には真似できない強力なストーリーがある。良いストーリーがあるなら、それはより多くの人に知ってもらうべきだ。そうすることで、より幅広い入り口からファンの芽を集めることができる。

そこで、自社ＥＣのほかにも、アマゾンや楽天市場、＠コスメなどのＥＣサイトに出品することも進めた。外部サイトを活用することには、かえってブランドの格式を損ねるのではないかと危惧する声もあったけれど、ストーリーを知ってもらう機会を増やすための手段と捉え、とにかく露出していくことが大事だと説得した。

すべては「顧客との距離を縮めるため」。それを社員のみんなが常に念頭に置き、ロレアルの各ブランドＥＣやオウンドメディアを構築していった。その結果、僕がＣＤＯに就任してから３年後にロレアルを離れるまで、全売上に対するＥＣ比率は常に右肩上がりだった。

本当に大切なのは「現場」

こうして自社サイトを充実させ、外部サイトも積極的に活用して、オンラインでの売上を伸ばしていったわけだけれど、ここで大事なことを伝えておきたい。

オンラインの稼働率を上げるということは、相対的に、デパートなどでの売上を減らしてしまうイメージがある。けれども、どんなにオンラインでの活動が活発化しても、何より大切にしていたのは、デパートや路面店といった実店舗、つまり、リアルでの売り場だ。なぜなら、結局のところ、リアルの接点に敵うものはないからだ。顧客との直接のコンタクトや対面での会話から得られる情報は、どんなデジタルの情報よりもずっと新鮮で貴重だ。

たとえば、オンラインショップを訪れたユーザーが何を探しているかを知るには、いろいろなデータを解析しなければいけない。でも、店頭なら「何をお探しですか？」と聞けばいい。なぜそれを探しているのか、どこが気になっているかなど、さらに多くの情報を得ることもできる。

本来は、すべての来店客にそうしたアプローチをすることで顧客を知り、顧客に近づくことができれば一番いいのかもしれないけれど、それは物理的に限界があるし、圧倒的に効率が悪い。なかには「見るだけ」の人や、ちょっとした時間つぶしに店に入っただけの人もいるからだ。

オンラインショップなら、その問題を解決できる。サイトを訪れ、実際に商品を購入してくれた人にだけアプローチをし、反応がいい人には特別なオファーをすることで、さらに情報を集めることができる。しかも、それらを同時に大量に処理できる。

デジタルを活用するのは、それが便利だから。リアルでは無理がある部分を、デジタルの力を借りることで実践しているに過ぎない。

だから本当に重要なのはリアル、つまり「現場」であることを忘れてはいけない。

また、ロレアルで実店舗を重視したもうひとつの理由に、「ブランド体験」がある。機能性重視の日用品などであれば、ＥＣサイトの説明を読んだだけで購入することも多いだろうけれど、高級ブランドなどの場合、「ブランド」という目に見えない付加価値（ストーリー）にお金を払っている部分が大きい。だからこそ、自分で体験して、ちゃんと納得してから買いたいのが人情というもの。

その体験ができる場は、当然オンラインではなく、現場だ。特に化粧品は、店頭で試してから買いたいという人が多い。そのため店舗というのは、ある意味では広告媒体であり、ECが進んでからは、「化粧品を買う場」というよりむしろ「化粧品を試す場」という位置付けに変わっていった。

それに、実際に体験したときの素直な反応や感想も、オンラインショップでは得ることができない。だから、ECの普及によってたとえ売上が大きく落ち込んだとしても、実店舗には存在意義があり、かけがえのない価値がある。ただ、役割が変わっただけだ。

実際、ロレアルに限らず多くの消費財やアパレルブランドの場合、自社ECを導入することでデパートからは心配の声が上がるだろう。でも、デパートの化粧品売り場には、自社ECとはまた違う価値があり、そこでしか得られないものがある。だからこそ、デパートや実店舗と一緒に生き残っていく「O2O（Online to Offline)」という視点にも立って、そのための施策を講じた。

一例をあげると、店頭にタブレット端末を導入し、来店した人へのアンケートやメルマガ登録に活用した。さらにデパートでは、ロレアルだけでなく他のブランドとも協力することで、多岐にわたる顧客層へのアプローチも可能になったし、売り場の配置を変えることで、より情報を取りやすい（＝来店客が情報を入力したくなるような）導線を作ることもできた。

すべては顧客をもっとよく知るためであり、現場でリアルタイムな顧客に近づくため。その視点に立てば、やっぱり「現場」が何よりも大切なことは言うまでもないし、あらゆることがデジタル化されるこの時代にあっては、より一層リアルな結びつきが強く求められることも理解できるんじゃないだろうか。

ライバルから仲間へ

ところで、ロレアルだけでなく大手メーカーには多くのブランドがあるけれど、そのほとんどは事業部ごと、ブランドごと、部署ごとの情報が社内でうまく共有されていない。いわゆるセクショナリズムだ。そこでロレアルでは、社内の様々な情報をもっと一元的に管理・共有できるような体制に整えていくことにした。たとえば、誰もがビジネスの現状を把握できるダッシュボードを用意するといったことだ。まさにCDOっぽい仕事、と言えるかもしれない。

実のところ、これは、CDOという立場で全ブランドを横断的に見ることができるポジションにいたおかげで実行できた施策のひとつだ。

というのも、ロレアルやLVMHなどのようなブランド複合体企業が抱える各ブランドは、ある意味、互いに競合関係でもある。どのブランドも類似の商品（ファンデーションやリップ、バッグやアクセサリー）を扱っているけれど、顧客は普通どれかひとつしか買わない。そのため、同じ傘下でありながら、同時にライバル意識もあるのが自然だ。

そういう背景もあって、ブランド同士の情報共有というのが、ほとんどできていない……というよりも「共有したくない」状態にあるケースが多く見受けられた。けれど、これは非常にもったいない。せっかくそれぞれのブランドで情報が蓄積されているのだから、それを社内で共有し、うまく活用すれば、もっとビジネスが広がっていく可能性がある。

そう考えると、まずは各ブランドが持っている顧客情報を一元化するシステムの構築が必要だ。各ブランドが集めた情報を、オンラインで購入した顧客と実店舗で購入した顧客に分けて、どちらも一括で把握できるようにする。

すべての情報を一元化し、顧客データを「見える化」するのだ。

これによって、それぞれの顧客が他のブランドで何を買っているか、どんな行動をしているかがわかるようになるだけでなく、他ブランドが顧客にどんなアプローチをしたかといった、それまで知り得なかった事例や情報にアクセスできるようにもなる。他ブランドでうまくいった施策を取り入れることが可能になり、さらに、自ブランドだけでは気づけなかった発見をすることもあった。

たとえば、ある顧客の購入履歴を調べてみたところ、ファンデーションは〈メイベリンニューヨーク〉で買い、リップは〈ロレアル パリ〉で買っているけれど、チークはどうやら他社で買っているらしい、ということがわかった。ひょっとすると〈メイベリン〉にも〈ロレアル パリ〉にも気に入る色がなかったのかもしれない。

でも、ロレアルでは他にもたくさんのブランドでチークを扱っている。じゃあ、まずは〈シュウ ウエムラ〉のチークを提案してみよう……といったことが可能になる。

こうした施策によって、ブランド同士が協力し、会社全体の底上げを目指す風土に変わっていく。当初は、互いに他ブランドの考えや動向を探るような空気があっても、それが徐々に変化していき、積極的に情報を共有し合って、会社自体をよりよくしていこうというマインドへと進化していくのだ。デジタルという新しい基準ができたことによる、新しい企業文化の構築と言える。

「個」に近づくためのデジタル施策

この他にも、社内のあらゆるところでデジタル施策を進めていった。マーケティングやメディア戦略に関しては、関連部署をCDOの直下に持ってきて、より効果的にデジタルを活用することを始めた。今はデータ解析、ウェブ解析に使えるツールやサービスがたくさん提供されているので、それらも積極的に採用した。

そのひとつが、ソーシャル・リスニング・ツールだ。これは、ツイッターやフェイスブック、インスタグラムなどSNSの投稿を分析することで、消費者（顧客）のリアルな意見・感想を集めることができるツールだ。キャンペーンの効果測定などに活用できるだけじゃなく、どのインフルエンサーの効果が高いか、どのブランドにどのインフルエンサーが適しているか、といったこともデータとして見えてくる。

もはや言うまでもないけれど、これもすべて顧客との距離を縮めるため。膨大なデータの向こうに、自分たちの顧客の姿を探ることが目的だ。そういう意識を持ってツールやデータを活用するようになると、まるでデータから顧客の声が聞こえてくるようで、メンバーもそれまで以上に顧客の声を意識するようになっていった。

実際に、稲木ジョージくんや大屋夏南さんといった影響力のあるインフルエンサーから直接意見やアイデアをもらって、SNSとの連動企画を始めたこともある。当時どの企業もやっていない画期的な取り組みだった。動画やアプリも積極的に取り入れ、ブランドによって、LINEやインスタグラムにライブ動画を投稿したり、ユーチューブでメイク動画を配信したりといった試みも始まった。バーチャルでコスメ体験できるアプリも登場し、オンラインだけでなく現場の活性化も実現している。

デジタルを有効活用できるところにはどんどんデジタルを導入し、顧客との接点を増やしてデータを集め、さらに「個」に近づくための努力を、会社を挙げて推し進めていった。

これらの具体的な企画やプロジェクトは、当然のことながら、僕がすべて主導して行ったわけではない。CDOはデジタルの旗振り役と言ったとおり、先頭に立ってみんなを引っ張っていく気概は常に持ち続けていたけれども、実際に動き、デジタルを活用し、具体的な成果にしていったのは社員、現場の仲間たちだ。

それができたのは、最初の徹底したエデュケーション（社員教育）が功を奏したからだと思っている。**デジタルシフトの意味を理解して、顧客との距離を縮めることの重要性を認識してくれた**からこそ、最初は不慣れで手探りだったけれど、それぞれが率先してデジタルを活用するようになり、顧客に近づくための新たな試みがどんどん生まれていった。

大改革とCDOの役割

会社のデジタルシフトを進めることは、新たなビジネスモデルを一から作るようなものだと言っていい。それまでと異なるやり方をひとつでも始めると、他の機能、他の部署もそれに応じて変わらなくてはいけなくなる。スピードも変化する。

たとえばロジスティクス。従来は自社トラックを使って店舗などへ商品を配送していたのが、ＥＣを本格導入するとなれば、当たり前だけど、顧客のもとへ直接配送する必要が出てくる。荷物の形態が変わるだけでなく、圧倒的に発送数が増える。それにＥＣからの配送というのは、顧客との重要な接点だ。おざなりな対応では顧客に愛想を尽かされるかもしれない。

そうなると、注文から発送までを一元的にデータ管理できるシステムや、それに対応できる体制も整えなくてはいけないだろう。そのためには、商品の識別番号を整理する仕組みも必要になる。クラウドソーシングを活用したり、倉庫管理にはＡＩを導入して効率化を図ったり、といったアイデアが考えられるだろう。

また、生産体制にも影響がある。海外の工場で大量生産した商品を船で運んでいたのでは、ＥＣ経由の細かな注文に追いつかないとなれば、国内でのＯＥＭを検討したほうがいいかもしれない。

さらに、社員のトレーニングも変わってくる。商品や顧客の情報を完璧にデータ化したところで、それを使いこなせなければ意味がない。営業部員には営業ツールとしてタブレットを導入するとか、店頭スタッフがよりスムーズに商品案内できるような仕組みを用意するといった対応に加えて、彼らがうまく活用できるように社内にオンラインコンテンツを設けて、Ｅラーニング研修を受けさせる必要も出てくる。

顧客との距離が近づいていったら、より多くの接点を持つために、たとえばメンバーシップ制を作ったり、メンバー限定のセールを行ったり、定期的に商品を届けるサブスクリプションサービスを導入するなど、新たなアイデアが次々と出てくる。それにあわせて広告にも当然新しい試みが必要とされるし、ひょっとすると、店舗の数やスタッフの数を見直したほうがいいという話に発展するかもしれない。

デジタルシフトを実現するということは、このように、社内のあらゆる場所で変化を求められるということであり、それらすべてに目を向けるのは、誰あろうＣＤＯの役割だ。**マーケティングやセールス、ＥＣだけを見ていればいいわけではないし、生産や流通といった部分にだけデジタルを導入すればいいという話でもない。組織全体を横断的に俯瞰して、会社の変革を統括できなければならない。**

結果として、ＣＤＯは会社のすべてを見ることになる。だからこそ、「最高デジタル責任者」という大層な肩書きを与えられ、経営陣の一角に据えられているのであって、「デジタル本部長」とはちょっと違う。いや、だいぶ違うと思ってほしい。

何にせよ、こうしてロレアルのデジタルシフトは進んでいった。数多くのブランドを抱えているため、それぞれでＰＤＣＡを回していくことで、会社全体のＰＤＣＡが加速し、どんどん改善されていった。

CDOはデジタル全般の旗振り役

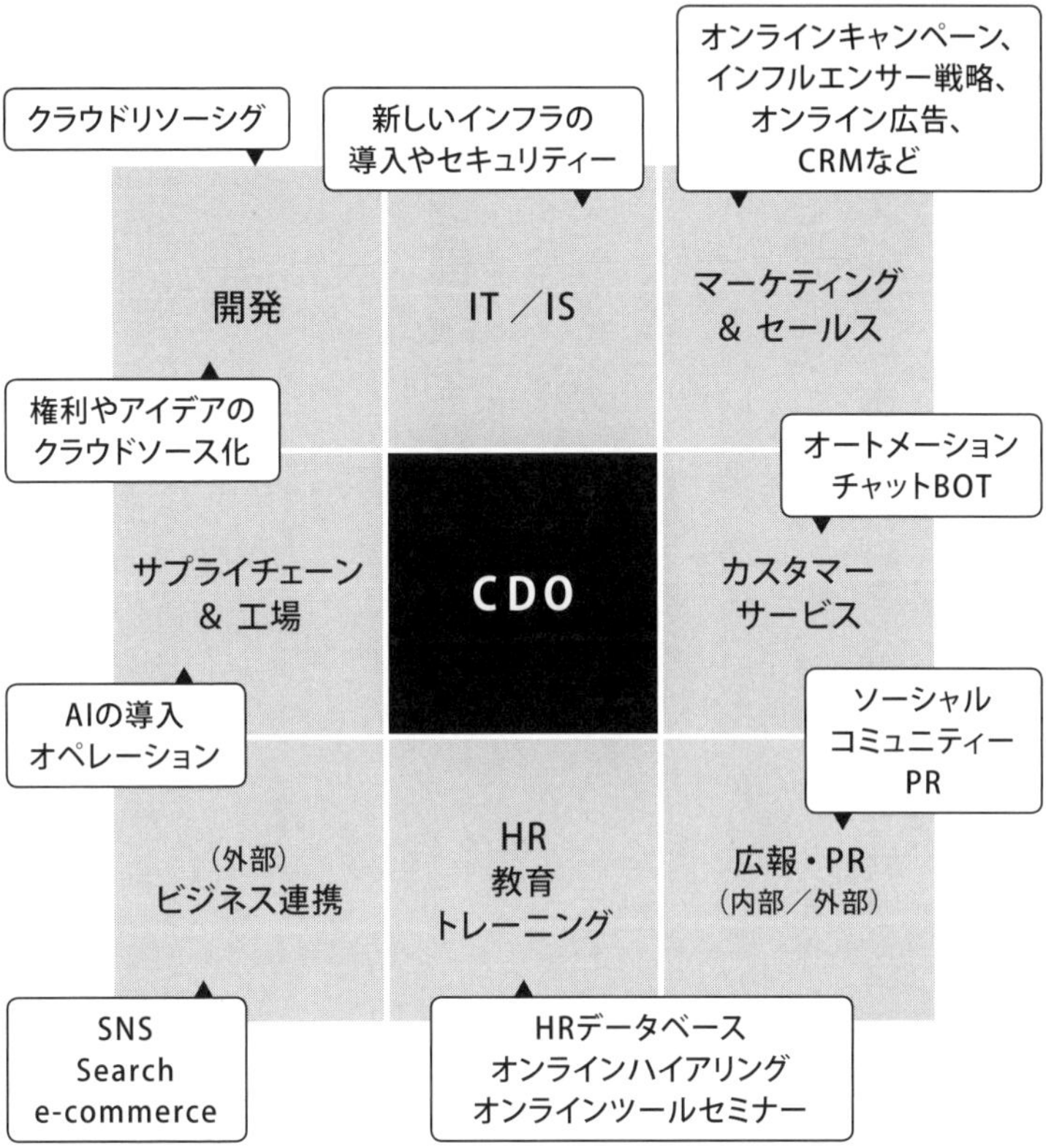
クラウドリソーシング
新しいインフラの
導入やセキュリティー
オンラインキャンペーン、
インフルエンサー戦略、
オンライン広告、
CRMなど
開発
IT／IS
マーケティング
& セールス
権利やアイデアの
クラウドソース化
オートメーション
チャットBOT
サプライチェーン
& 工場
CDO
カスタマー
サービス
AIの導入
オペレーション
ソーシャル
コミュニティー
PR
（外部）
ビジネス連携
HR
教育
トレーニング
広報・PR
（内部／外部）
SNS
Search
e-commerce
HRデータベース
オンラインハイアリング
オンラインツールセミナー

ロレアルでは本当にいろいろなことを実践してみたけれど、そこで実感したのは、ブランドが高い志を持って顧客ひとりひとりに近づく努力をしたことで、顧客からのブランドに対する愛着や信頼、評価がことごとく良くなっていったことだ。そして、その評価は現場から広く拡散されていった。それこそが、長く愛されるブランド（企業）の正しいあり方だと改めて思い知った。

熱量が共通言語を育む

ロレアルでデジタルシフトを進めるにあたっては、CDOとして実に多くの部門・部署の人たちと直接会話をした。〝宣教師〟としてデジタルの重要性を説いて回る必要があったことも理由のひとつだけれど、それ以上に、僕は「現場」を重視しているからだ。だから、直接コミュニケーションを取るために、すべての「現場」に足を運ぶことにした。

現場でのやりとりをスムーズに進めるために大事なのは「共通言語」を持つことだ。要するに、相手と同じ認識を持ち、同じ視点で、同じ話をできるということ。そうすることで信頼を得られ、話を理解してくれ、要望を受け入れてくれる。

それぞれの部門・部署にふさわしい言語で話すことで、経営陣のデジタルシフトへの熱量を保ったまま、それを各部署へと波及させられる。それが結果として、スムーズでスピード感のある変革をもたらすことにつながる、と僕は確信していた。

僕の場合、ロレアルでCDOに就任するまでに、実に様々な企業で、様々な業態・業種・職種の経験を積んでいたことが、ここで大いに活かされた。かつてユニリーバで飲料を生産する業務を担当していたから、工場の従業員たちとも同じ言語で話せた。紅茶のサプライチェーンを含めたビジネスを統括した経験があるから、一連の過程に従事する人たちの気持ちがよくわかった。

広告やSNSの話を担当者と同じ目線で話せるのも、過去に自分が携わっていたからだし、実店舗運営にしても実は以前に実績を積んでいた。それまで培ってきた経験をフルに活かして、各所で働く人たちと言語を合わせ、目線を合わせながら関係性を築いていった。だからこそ、短期間でビジネスの変革を成し遂げられたのだと思う。

ただ、僕のように異業種・異職種の経験をたくさん積んでいる人は、そう多くないだろう。

営業部門と生産部門ではまったく話が噛み合わない、といった話もよく聞く。けれども、全部門を知り尽くしている人がいなければデジタルシフトは実現できない、ということでもない。

実は、共通言語を身につけるのはそう難しくない。ただ、そこに行って、そこにいる人たちと関わればいいだけのことだ。直接会って話をすれば、相手の使っている言語がわかり、自分でも話せるようになる。そう、外国語を習得するなら外国人の恋人を作るのが手っ取り早いと言われるのと同じで、現場で学ぶのがいちばん早い。そういう意味でも現場が大事なのだ。

大切なのは、相手の熱量を理解すること。こちらはデジタルシフトで頭がいっぱいでも、工場で働く人はそうじゃない。では、その人たちはどこに熱量を持っているのか。安全管理かもしれないし、業務の効率化かもしれない。まずは相手の熱量のありかを見極めて、その上で話を聞いていけば、格段に理解が進むはずだ。

そうやって共通言語を身につけるということは、人間関係を築くことにもつながる。その土台ができていれば、業務を根底から覆すような変化を求める場合でも、間に壁を作ることなく話ができる。今度はこちらの熱量を理解してもらう番だ。

一切の抵抗なしに改革を実現するなんていうのはハードルが高すぎるけれども、熱量によって共通言語を育てることで、無駄な抵抗や衝突を回避して、あらゆる変化をずっとスムーズに進められるのは間違いない。

だから、もっと現場に行こう。もっと人と会って話そう。新型コロナウイルスによって世界が危機にさらされたことで、現場の大切さは一層増している。

人と人をつなぐ仕事＝CDO

ＣＤＯの役割は多岐にわたる。会社にあったデジタルビジネスの枠組みを構築すること。会社全体の方向性を統一させること。デジタルビジネスの質を上げ、加速させること。それを先導すること。グローバルの流れとも水準を合わせて組織を動かすこと。また、ＣＤＯは経営陣の一員でもあると同時に、社内外のデジタルの窓口でもある。

このようにＣＤＯには様々な顔があり、それぞれに応じた知識が必要になる。最高デジタル責任者だからといって、デジタルだけ詳しければいいわけじゃない。マーケティング、営業、広告、生産、管理、流通、それに経営陣として財務も見なければいけない。会社全体を理解し、幅広い視野を持つことが求められる。

僕が日本初のＣＤＯに就任して5年。最近では、日本企業にも少しずつＣＤＯが増えているけれど、よくよく聞くと、単にウェブマーケティングやＥＣの責任者だという場合も多い。でも本来は、会社のすべてを見るというマインドセットと、それを実行できる力量が絶対的に必要だ。

デジタルシフトは単にツールを導入することではない。デジタルによって会社のビジネスモデル自体が大きく変化するため、ＣＤＯには経営者視点が不可欠だ。僕自身について言えば、「社長になる」という目標のために戦略的に多くの業種・職種を経験してきたことが、日本初のＣＤＯという大役をもたらしてくれたと思っている。


では、今後ＣＤＯを目指す人は、僕のように数多くの経験を積まなければいけないのかと言えば、そうでもない。

ＣＤＯという仕事を僕なりに定義するとすれば、それは「人と人をつなぐ仕事」だ。どんなにデジタル化が進んでも、それを動かしているのは人。デジタルの向こう側には常に人がいて、人と人との協力によってビジネスは成り立っている。

だから、「人と人をつなぐ」という意識を持って、人に興味を持ち、人を理解しようとする姿勢が、CDOに最も必要なことだと僕は考えている。実際、僕は「デジタルに詳しい人」というよりも、人に興味があって、「人に詳しい人」に過ぎない。

しつこいようだけど、デジタルシフトも、その本質は、顧客との距離を縮めること。もっと顧客に近づき、顧客のことをよく知り、顧客との関係性を築いていくこと。その意味においては、CDOは社内で最も顧客を理解している存在にならなくてはいけないと言えるだろう。

そして僕は、CDOという職種が日本に必要なくなることが、初代CDOとしての僕の使命だと思っている。というのも、CDOという言葉がある時点で、まだデジタルシフトが完了していないということを意味しているからだ。デジタルシフトが決して特別なことではなく、誰にとっても当たり前のことになり、会社に関わるすべての人が顧客を理解できていれば、そもそもCDOは必要ない。

そうしてCDOがこの世からいなくなったときにこそ、真にデジタルシフトが実現されたと言えるのだろう。将来的には、CDOの代わりに「CCO（チーフ・カスタマー・オフィサー＝最高顧客責任者）」という役職がすべての企業に置かれるといい、と僕は本気で思っている。

第2章

デジタルだから「現場主義」

フェイスブックで受けた衝撃

僕のツイッターアカウントには、こんなキャッチコピーがついている――**「誰よりもアナログな日本初のCDO」**。日本ロレアルのデジタルシフトに関しても繰り返し述べてきたように、僕がいつでも大事にしているのは「現場」だ。直接人に会い、話す。デジタルな時代だからこそ、現場が何よりも重要だと日々実感している。

ロレアル時代で言えば、「なぜデジタルシフトが必要なのか」を各部署に出向いて直接伝えることからCDOの仕事は始まった。工場や倉庫にも足を運ぶ。社外でも、何か気になることがあれば自分から出かけていき、話を聞く。時には売り場やヘアサロンにも出ていって、顧客と直接話すこともした。だから、ロレアル時代の僕は、常に動き回り、まったく落ち着きのないCDOだったと社員には記憶されているかもしれない。

僕がそこまで現場を重視するようになったのは、実は、超デジタルなフェイスブックやインスタグラムにいたときの経験からだ。

フェイスブックやインスタグラムをはじめとするSNSでは、現場と言えば、それは基本的にはスマートフォン。そこに収められているアプリには常に何千万もの人が集まっていて、それぞれが投稿したり、動画を視聴したり、モノを買ったり、なかにはただ眺めているだけの人もいる。

アプリのデータが運ばれる先では、そうした人々の行動の情報が、リアルタイムですべてわかるようになっている。誰が何を見ているか、どれくらいの人が見ているか、それによって何が起きているか……といったことが手に取るようにわかる。もしどこかに不具合があれば、エンジニアがその場ですぐに対応する。リアルタイムで顧客の声を拾い、リアルタイムに対処しているわけだ。

初めてその光景を目にしたときは、衝撃的だった。SNS上での人々の動き、それに対応するエンジニアたちの様子を観察して、実に多くのことに気づかされた。

たとえば、誰かがフェイスブックにラーメンの写真を投稿したとしよう。すると、それを見た彼の友達が「いいね！」をする。その行動はすぐさまデータとなって、アプリの開発側に届けられる。もし僕がエンジニアであれば、特にバグもないし、全世界で毎日8000万以上も投稿されるうちのひとつとしてスルーするだろう。

でも、僕はエンジニアではなく、マーケターだ。だから、誰かが「いいね！」をしたという情報を得たら、そこから、この人は今ラーメンが食べたいのかな、と推測することになる。もしかしたら今は別に食べたくないかもしれないけれど、少なくともラーメンに興味があることはわかる。投稿された写真に写っている濃厚とんこつラーメンも嫌いではないようだ。そうしたことが、この「いいね！」から見えてくる。

ある人がラーメンを好きかどうか、どんなタイプのラーメンが好きか、今ラーメンを食べたいかどうか。そうした情報は、普通なら、直接その人に聞いてみないとわからない。誰も顔に「僕は今ラーメンが食べたいです」なんて書いていないし、プロフィール欄に「濃厚とんこつラーメンに目がない」と書いているのはごく一部のマニアだけだ。

つまり、たったひとつの「いいね！」に過ぎないけれど、それはほとんど直接聞いているようなものだと言っていい。それもリアルタイムで。

これを目の当たりにして、僕の中に「現場主義」という意識が芽生えた。デジタルによってひとりひとりの情報を、これほどまでに簡単に、かつ現在進行形で、しかも大量に得られるこの時代では、それに応じたビジネスにシフトしなければいけない。そのためには現場に出ていく必要がある、と。

デジタル時代こそリアル

フェイスブックから得られるデータを見て現場主義に目覚めた、というのは一見矛盾しているように思えるかもしれない。でも、ユーザーのあらゆる行動データはすべて、ひとりひとりの人間の「声」でもある。マーケターは、それを聞かなければいけない。

同時に、別の重要な気づきもあった。

それは、SNSでは聞くことができない声もある、しかもたくさん、という事実だ。

SNSから得られる大量のデータには、多くの発見があり、ビジネスに様々なヒントをもたらしてくれる。ただ、そうは言っても、データは所詮データ。簡単に情報を得られる一方で、それが真実かどうかはわからないし、絶対にデータ化できないこともたくさんある。ラーメンの写真に「いいね！」したからといって、その人が100％ラーメン好きだと断定することはできない。

ちょっと考えてみよう。たとえば、マッチングアプリか婚活サイトで素敵な女性を見つけたとする。顔が自分好みなのは言うまでもないけれど、その他の点もバッチリ。趣味も合いそうだし、休日の過ごし方も合いそうだ。

よし、今すぐ結婚を申し込もう……という人は少ないはずだ。やっぱり一度は会ってみないと。いや、何度か会って、いろいろな話をして、もっと人となりを知ってからでないと、本当に気が合うかどうかわからないし、書いてある情報も、自分が思っているのとは違うかもしれない。

そう、結局は現場、それもリアルの現場に出ていって判断する必要がある。リアルでなければわからないことはたくさんある。というよりも、むしろリアルでないとわからないことのほうが多いし、そうした情報のほうがずっと大事だったりもする。本当の意味でその人を知るには、実際に会うしかない。

ビジネスも同じで、デジタルで情報を集めることも大事だけれど、本当に顧客を知り、関係性を作ろうとするなら、リアルな接点で得られる情報に勝るものはない。だから、どんなにデジタルが加速しても、リアルな現場を持つことが欠かせない。ひとりひとりの声を拾うためのツールとして、デジタルは非常に効率的だけれど、それだけで完結してはいけない。

リアルが絶対に必要だという絶好の例が、まさにフェイスブック。デジタル上でユーザーのあらゆる情報を手に入れられる立場にあるフェイスブックでさえ、ユーザーを会社に呼んで、直接会ってヒアリングを実施している。画面にポップアップで表示されるアンケートよりも対面で話をしたほうが本当に必要な情報を手に入れられることを、フェイスブックも知っているからだ。リアルが大切なことは、今も昔も変わらない。

データではわからないこと

データを何時間も眺めてもわからないことが、現場に行けばすぐに解決する、ということはたくさんある。

飲食店ならば、店内で快適に過ごしてもらうには空調を何度に設定するのがベストか、店の立地や広さ、客のタイプや混雑ぶり、オープンキッチンかどうかといったことも関係するだろう。たぶん、調べてみるといろいろな情報が出てくるだろうし、実際に温度を変えてみたときの客の滞在時間を比較して……という提案をするマーケターもいるかもしれない。

でも、いちばん早いのは店内を見回してみること。どんな客が多いだろう？　近くのオフィスに勤める人たちがこぞってランチを食べに来る店なのか、それとも、工事現場で働く作業員たちの憩いの場となっているのか。もしかすると時間帯によって客層が変わるのかもしれない。現場を見れば一目瞭然だ。

その上で、直接聞いてみればいい。「今日はクーラー寒くないですか?」「もっと温度を下げたほうがいいですか?」と。

こういうとき、SNSへの投稿から客の反応を拾おうとするマーケターもいるけれど、そんな手間をかけるよりも、自分で聞いたほうが手っ取り早い。もちろん、対面だと遠慮して本音を言ってくれない可能性はある。でも、表情や態度、会話から読み取れる情報はたくさんある。

そもそも、来店客のうち何人がSNSに投稿してくれるだろう。どんな人気店でも、一日に数人くらいじゃないだろうか。それを必死に追跡するくらいなら、店に一日いて、帰りがけに全員に聞いてみたほうがいい。無駄にデジタルを駆使するよりも、ずっと早くて、ずっと効率的で、それでいて何倍も価値がある情報を得られる。それに、きっと楽しい。思いがけない発見もあるはずだ。

そうやって現場の生の声を聞けたら、きめ細かな対応がすぐにできる。そんな店なら、客に気に入られて、リピーターが増えるだろう。ここに、デジタルはまったく関係ない。すべてがリアル、いたってアナログ。そして、本来誰もが当たり前のようにやっていることのはず。デジタル時代にやるべきことは、決して特別なことではない。

相手が今、何を求めているのか。何をどうしたいのか。現場なら、直接見ることができ、聞くことができる。現場は、熱量が最も高い場所。だからこそ、現場にいる顧客を大切にすることが何より重要だ。

マーケターはデータばかり見ていないで、もっと足を使って、人との距離を縮めるべきだ。そして、時代がデジタルに変わってもずっと現場を持ち、顧客と直接向き合ってきたビジネスにこそ、アフターコロナの世界における勝機があると僕は強く思う。

デジタル時代こそ飲みに行く

こんなデジタルな時代だからこそ、もっと飲み会が見直されるべきだ——これは、僕がよく講演などで持ち出すネタのひとつ。元インスタグラム・ジャパン代表、「日本初のＣＤＯ」

の僕がこんな話をすると、そのギャップに驚かれることも多い。でも、これは冗談でも、引っかけ問題でもなく、本当に心からそう思っている。

実際、フェイスブックやインスタグラムのような会社でも、よく飲み会をやっている。別に、僕が飲み会好きだからそうなったわけじゃなくて、もともと社内にそういう習慣があった。**結局、人と人との本当のつながりは直に話すことでしか生まれない**、ということに気づいているからだろう。もしかすると、デジタル最前線にいる彼らだからこそ、そのことを身にしみて感じているのかもしれない。

直接会って仲良くなる機会は、どんなビジネスをやっている人でも、大いに大事にすべきだと思う。飲みの席でこそ本音を聞けたり、人となりや、その人が何に熱量を持っているのかがわかったりする。こちらとしても、会議室よりずっと熱量を伝えやすいし、それに、熱量が高いまま伝わりやすいとも感じている。

若い世代が飲み会に行きたがらないという話をたまに耳にするのだけど、本当にもったいないことだと思う。貴重なビジネスチャンスを逃している可能性があることを、もう少しよく考えてみたほうがいい。

僕はＣＤＯとしても、社内外を問わず、様々な人と会って話すことを大事にしてきた。ＣＤＯという立場では本来あまり会うことがない新入社員や若手社員とも、積極的に飲みに行ったり、質問会を開いたりもした。

また僕は、自分のデスクではなく、社内にあるカフェやオープンスペースで作業することが多かった。パソコンや資料、飲み物を持ち込んで、まるで自分のデスクのように使っていると、いつの間にか、いろいろな人が来て話をしたり、相談しに来たりするようになった。オープンな空間のおかげで、デスクよりも話しかけやすかったのだと思う。

そうやって直接会うことで、僕の熱量を伝えることができたし、彼らの熱量もわかった。また、彼らの悩みを聞いたり、モチベーションを上げたりすることもできた。おかげで僕は、役員クラスの地位にいたどの会社でも、新入社員たちとも仲が良く、そのつながりは会社を辞めてからも続いている。

ＣＤＯという仕事も、こんなふうに人との関係性を作っていくことが、その根本だと考えている。チーフ・デジタル・オフィサーならぬ、チーフ・ドリンキング・オフィサーというわけ。そこにはデジタルは微塵もない。でも、これが本質だ。

近年、企業の飲み会文化は、過去の悪しき風習と見なされるようになった。でも、飲み会がなければ元気も出ないし、社内の交流も生まれないから、組織として弱くなっていくと僕は懸念している。

その一方で、最近では海外のビジネスパーソンたちが、こぞってニッポン的「飲みニケーション」に関心を寄せているとも聞く。実際、さかんに飲み会を開いているような会社は、やっぱり強い。少なくとも、僕がいろいろな会社に足を運んで、多くの人と交流している中で感じる印象としては、そういうことになる。

もちろん、パワハラ・セクハラまがいの飲み会まで肯定したいわけじゃない。でも、日本人なりのビジネスをうまく回す知恵が、かつての飲み会にはあったはずだ。日本の高度成長の背景には、飲み会効果もあったはず（たぶん）。そのメリットまでも全否定してしまうのは、もったいない気がしてならない。それに、アルコールには熱量を高める効果も多々あるだろうし。

接待もマーケティングだ！

飲み会のように、僕は昭和なビジネスの進め方には優れた点が結構あると思っている。たとえば接待やゴルフ。どちらも、取引先と直接会って話ができる貴重な機会だ。だから、経費削減のために接待費を削るなんて話はナンセンスの極みだと、クライアントにも言っている。そんなことをすれば社外のネットワークを作れず、会社が成長していかない。

ひょっとすると「接待」という言葉の響きが、今どきの会社では敬遠されるのかもしれない。それなら、「ソーシャライジング」と言ってみたらどうだろう。なんだか新しい気がするし、後ろめたい印象も拭えるんじゃないだろうか。


そもそも、接待もマーケティングのひとつだと僕は考えている。

取引先を顧客と考えてみよう。もっと相手のことを知り、相手に近づき、関係性を築くためにできること、それが接待だ。

まずは、ちょっとした会話の流れから、「食べ物は何がお好きですか?」「魚料理なら、御社の近くにすごく美味しい店を知っているんです。今度ぜひ行きましょう」という具合にセッティングする。好みどおりの接待なのだから、相手が満足しないはずがない。これって、完璧なカスタマーリレーションだと思わないだろうか。

さらに次の予定も決められたら、関係性がどんどん深まっていく。そうすれば、何か問題が生じたときにはすぐに対処してもらえるし、接待の中で新たな提案もできる。

新しく取引を始めたいときでも、先方に直接会いに行って話したほうが成功確率は高い。現場で仕事をするというのはまさにこういうことで、このほうが絶対にうまくいくと、僕自身の経験から自信を持って言える。

データからは見えないものが、現場にはたくさん落ちている。

それなのに、現場に出向かない多くのビジネスパーソンは、取引先担当者のフェイスブックを探し出して、その投稿から「この人は肉好きかもしれない」と考える。そこで、ある日の打ち合わせが終わったとき、「よかったら、このあと美味しい肉でも食べに行きませんか？」と提案してみる。そして、「いやぁ、最近ずっと肉ばかりで……」と断られるのだ。

たしかに肉好きかもしれないけれど、今日も肉を食べたいかどうかは別の話。ひょっとすると大して肉好きでもなく、ただ付き合いで行った店の写真をアップしただけかもしれない。要するに、ＳＮＳだけではその人の本当のところはわからない、ということ。デジタルが発達して一見効率化しているように見えて、実は無駄なことは意外と多い。

現場で得られる情報こそが生きている情報であり、フェイスブックのタイムラインを見て人を分析するよりも、直接聞いた情報のほうがずっと正しい。

直接会って、自分の耳で聞いた情報だけが、自分の財産になる。そして、この財産こそ、デジタル化・データ化することで大きな価値を生む。

デジタル時代こそ足で稼ぐ

こうしたアナログな関係づくりは、人間関係の基本だ。テクノロジーが発展するほど、むしろアナログの重要性が増していくと僕は思っている。だから、リモートワーク（テレワーク）の導入が叫ばれている昨今だけれど、本当に相手を知りたいときには、現場は絶対に欠かせない。Ｚｏｏｍだけで相手を知った気になってはいけない。

大卒でＫＤＤに入社して以降、僕は計６回の転職を重ねてきた。広告会社のジェイ・ウォルター・トンプソン、ユニリーバ、ＭＬＭ企業のニュースキン、フェイスブック（インスタグラム）、日本ロレアル、そしてＬＤＨ。その先々で、多くの人とのつながりを作ることができた。でもそれは、単に何度も転職したから、ではない。意識的に、社内外を問わず、とにかく人に会うことを心がけてきたからだ。

たとえば、ある企業の副社長として就任し、全社員に挨拶する場合、ほとんどの人は効率を考えて一斉メールで済ませる。「この度、副社長に就任した長瀬です。よろしく」と。たしかに効率的だし、社員に名前くらいは覚えてもらえるかもしれない。

でも僕は、社員たちを知りたいと思ったし、僕のことも知ってほしいと思った。だから、全員に会うと決めた。さすがに全社員と1対1で会うのは難しいので、部署ごとにランチに行ったり、食事に行ったり、飲みに行ったり。

普通に考えれば、手間も時間もかかるし、少々面倒臭いことでもあるけれど、僕にとってはこのほうがメリットがあるとわかっていた。というのも、直に会えば関係性ができて、その後のやりとりが非常にスムーズになるからだ。自分の思いや考えを直接伝えることもできるし、何より社内に自分の仲間が増える。

この「とにかく会いに行く」というやり方は、僕にとっては一種の生存戦略でもあった。転職先の会社の人間から見れば、僕は「外部からやってきたヨソ者」だ。しかも、前より上のポジションを得るために転職していたから、常に、たくさん見知らぬ部下を抱えることになる。

うまくやっていくためには、みんなと会って仲良くなるしかない。そうでないと、仕事が進まない。だから、時間はかかっても全員と顔を合わせたほうが、結果として効率的だし、合理的だと実感している。そして、いつも円満退社を心がけていたので、辞めた後でも仲がいい。

社外も同じ。泥臭く足を運ぶ。足を運べば名刺交換ができるし、担当者と話ができる。そこにどういう人がいるかわかるし、その後も担当者の顔が浮かぶようになる。すると、何かあったときにもすぐにアクションが取れる。僕の場合、そうやって足で稼いだつながりから得た仕事がたくさんあるし、そういうつながりは長続きするものだ。

社内でも社外でも、会いたい人がいれば会いに行けばいい。誰もが何かしらのＳＮＳをやっている今の時代、どうやってもつながれない人はほんの一握り。アメリカ大統領にだって面会を申し込める（会ってくれるかどうかは別として）。だから、僕に会いたいと思う人がいたら、どうぞご連絡を。

電話でもメールでも各種ＳＮＳでも大歓迎（連絡先は巻末のプロフィールを見て！）。

そういう時代なのだということを念頭に置いて、会いたいという気持ち、話したいという気持ち、その熱量を大切にしてほしい。それは必ず相手に響く。

現場の「今」を見よ

足で稼いで人とのつながりを作ることを、「人脈作り」だと思っている人がいるかもしれないので、ちょっと釘を刺しておきたい。たしかに意味としては「人脈」なのだけど、多くの人がイメージしている人脈とは少し違う。

人というのは常に変化している。だから、人と関係性を作るときには「今」のその人を知ることが大切だ。どういうことかと言えば、昔の人脈でつながっている人も、時が経てば変わっていることも多い、だから、その人脈はアテにならないし、今つながりたいなら今会いに行ったほうが早い、ということ。

一度でも一緒に仕事をすれば、それは自分の「人脈」となって、未来永劫つながることができる、と思っている人は結構多い。パーティーや講演会で名刺交換しただけで、「人脈が増えた」と喜んでいる若いビジネスパーソンも多いんじゃないだろうか。でも、果たして本当にそうだろうか？

僕自身に置き換えてみて、今いきなりＫＤＤ時代の取引先の人から連絡をもらっても、すぐに役に立てるとは思えない。もう20年近くも経っているのだから、僕だっていろいろ変わっている。相手は僕の現状を調べられるかもしれないけれど、僕は相手の今を知らない。そんな状況で、いきなりビジネスの相談をされても困るし、場合によっては迷惑だ。

連絡先を知っていることに価値を感じている人もいるかもしれないけれど、今はＳＮＳで簡単につながれる時代。名刺を持っているだけでは何の価値もない。

それよりも、相談や依頼があるなら直接会いに来てくれればいい。昔の知り合いなら初対面よりはハードルが下がるし、会えば一気に昔と同じ関係性に戻れるかもしれない（もしかすると「長瀬、変わったな……」と失望されることもあるかもしれないけれど）。

これはプライベートにも言えることで、若かりし頃に同じガンダム好きだった同級生に10年ぶりに会って、いきなりガンダム話を持ち出しても、相手はもうガンダムへの熱量を失っているかもしれない。

いくら遠い昔に濃くつながっていた相手でも、今の現場に足を運び、今のその人の熱量を見極めることで、関係の再構築を図る必要がある。

そういう意味で、「人脈」という言葉には過去のつながりまでも内包されている気がして、僕は好きじゃない。それに、人脈と言った場合、それは本当にただのつながり、それこそ「連絡先を知っている」というだけのつながりで、そこに熱量はない。熱量でつながっていない人脈なんて、どんなに広げても無駄だ。

何より時間は有限なので、元上司だからとか、過去に付き合いがあったからといった、つまらないつながりに時間をかける必要はない。それよりも、今、目の前にいる人を大切にしたほうがいい。なぜなら、その人とは「今の熱量」でつながっているはずだから。

目的のためには手段を選ばない

足を運んで直接会う。アナログであることは言うまでもないけれど、ちょっと大変……と思った人もいるかもしれない。実際、「どうしてそこまでするんですか？」と聞かれることも多い。

僕自身は、そのほうが結果的に早い、という実感があるから、あまり深く考えたことはなかったのだけど、よくよく考えてみて気づいたことがある。僕がここまで人と直接会うことにこだわるのは、突き詰めると「目的達成のためには手段を選ばない」というマインドから来ているようだ。いかに効率よく動くかを考えたときに、最終的には「手段を選ばない」というところにいつも行き着くからだ。

メールで何度もやりとりするよりも一度話に行ったほうが早いとか、顧客のニーズを知りたければ直接「何がほしいですか？」と聞けばいいとか、そういう発想もすべて、手段を選ばないという考えから生まれている。

「オンデマンドについてわからない部分がある。じゃあ、オンデマンドに詳しい人に聞こう」「社長になる方法がわからない。じゃあ、ヘッドハンターに教えてもらおう」というように、僕としては、ごくシンプルに考えているに過ぎない。

マーケターは手段をたくさん持っているけれど、それらの中には、社内に話を通しやすくするためとか、単にカッコつけたいがための手段も結構ある。「インサイト」とか「カスタマージャーニー」とか、どんどん新しい手段が生まれてくるけれども、本来そんなものはどうでもいい。大事なのは目的を達成すること。

まず目的があって、そのためにはどうすればいいかを考え、あとは実行するのみ。

僕はユニリーバでは飲料を担当していたのだけれど、オーストラリアにいた頃、オーストラリア国内の紅茶シェア1位になる、という事業目標があった。そのときユニリーバは常に上位には位置しているものの、なかなか1位の壁は厚く、苦戦を強いられていた。そこで、1位になるために最も効率のいい手段は何かを考え抜くこと、それが僕の使命だった。リブランディング、新しい広告戦略、新商品の投入……、これだけではまだまだ足りなかった。読者のみんなだったら、どうする？　会社自体の組織や収益構造を見直す？　リストラ？　でも、「シェア1位」という目標を達成するためなら、もっとシンプルな方法があるよね、きっと。シェア上位の競合ブランドを買収する、なんてどう？

そう、目的が達成されるのであれば、その手段が当初の計画とは違ってもいい。過去に誰もやったことのない手法でもいい。結果的に目標達成できれば何だっていい。そのシンプルさとハングリーさが結果を生むのだと思う。

他にも以前、某スポーツメーカーから「ブランドを日本一にしたい」という相談をされたことがある。登山が好きな僕は、日本一と言えば富士山だと思い、「富士山の頂上にショップを置いてはどうか」と提案した。販売数や売上で1位を目指すのは大変だけど、富士山で販売すれば、とりあえず「日本一で売っています」と言える。

そんな単純な話でいいのかと思うかもしれないけれど、そもそもの目的が「日本一」なのだから何も問題はない。僕はいつもそれくらいシンプルに、愚直に考えて、実行している。実際、メーカーにも面白がってもらい、うまく話が進みそうだったのだけど、残念ながら諸般の事情で実現には至っていない（2020年8月現在）。

答えは現場にある

僕が言いたいのは、直接人と会うのも、「やっぱり最後は人間力だ」ということではなくて、単純に「そのほうが早いから」。マーケティングやクリエイティブに関しても、アイデアとか発想力とか、そんなかっこいいものを僕は持ち合わせていない。ただ、目的のためにどうすればいいかを、手段を選ばずに考えているだけだ。

最後にもうひとつ、とっておきの泥臭い思い出話をしよう。若手だった頃（ＫＤＤやＪＷＴの時代）、僕は上司や取引先の〝出待ち〟を結構していた。話を聞いてもらうためとか、承認を得るためとか、それこそハンコをもらうためとか、理由はいろいろだったけれど、自分に課された仕事を遂行するために手段を選ばなかった結果が、出待ち戦略だった。

社長に「これから地方出張だから時間がない」と言われれば、「空港に向かうタクシーに一緒に乗って行きます」と言って、本当に乗せてもらった。おかげで社長とゆっくり話をする時間を持てた。会食があると言われて、レストランの外で待ったこともある。

いかにも昭和の「ジャパニーズ・ビジネスマン」だと思うかもしれないけれど、別に会社や上司に命じられてやっていたわけじゃない。ハンコがどうしても必要だったから、どうすれば今日中にハンコをもらえるかを考えた結果、出てきた答えがそれだった、というだけのこと。それを素直に実行したに過ぎない。

そのうち、「急ぎのハンコは長瀬に取りに行かせろ」という先輩も現れた。ただ、こんなことをやる人間はそういないから、社長や上司の記憶に残って、案外可愛がられたりもする。もちろん仕事も効率よく進むので、評価も上がる。上を目指していた僕にとっては、出世へのショートカットにもなったわけだ。

誤解してほしくないのは、泥臭さが重要、ということじゃない点だ。目的を達成することを最優先に考えたとき、結果的に泥臭い手段になった、今でもそうなることが多い、という話であって、泥臭さは目的じゃない。

手段を選ぶ人は、無意識のうちに過去のやり方や作法に囚われ、人脈などにこだわる。でも本当は、そんなものはどうでもいいはず。シンプルに、言い訳を探そうとせず、目的のために何が必要かを考えて実行するだけ。

多くの場合、その答えは「現場」にある。

第3章

熱量フィロソフィー

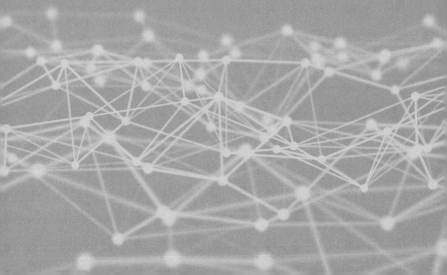

SNSは「熱量」そのもの

ソーシャルグラフと呼ばれるものがある。ウェブ上での人と人とのつながりやその関係性をグラフで表したものだ。特にSNSでの人々のつながりを示すものとして用いられ、フェイスブックやインスタグラムでは常に目にしていた。

このソーシャルグラフを見ていると、SNSの中での人の動きが手に取るようにわかる……いや、「目に見える」。誰と誰がどうつながっているか、どんなコミュニティができているか、人々の興味・関心がどう動いているか。人々の注目が毎分、毎秒のように移り変わっていくのを、文字どおり目の当たりにすることになった。

それらのデータはアルゴリズムによって解析され、「この人にはA社の広告を出す」「こっちの人にはB社の広告を多めに出す」というようなマッチングが行われる。それが現在のSNSマーケティングのほぼすべてだ。

でも僕には、何かもっと別のものがあるように感じられた。つながる人々、興味・関心の流れ。ソーシャルグラフによって可視化されたそれらは一時も止まることなく、うねりとなって変化し続ける。日々それを見つめていて、これは一体何だろう、このうねりの根源にあるものは一体何なのだろう、と考えるようになっていた。

それは「熱量」なんじゃないか――あるときから、そう思うようになった。人は、自分の中にある熱量に突き動かされて、投稿したり、「いいね！」をしたり、コメントしたり、人とつながったりするのではないかと。

ソーシャルグラフに表されたデータの先には、必ず「人」がいる。その先には、それぞれの人の日常があり、人生があり、そこには様々な感情や人とのつながり、あらゆる出来事がある。けれども、日常のすべてがＳＮＳに投影されるわけじゃない。「いいね！」ボタンひとつ押すだけでも、そこには何らかのエネルギーが必要だ。それは「熱量」と呼べる力ではないだろうか。

何百万ものフォロワーを抱え、世の中に対して決して小さくない影響力を持つ人たちが、ＳＮＳには数多くいる。彼らは「インフルエンサー」と呼ばれ、マーケティングの世界でも重視されるようになっている。

彼らは、なぜインフルエンサーになれたのか。写真がうまいからとか、他にはない個性があるからとか、投稿が面白くて一貫性があるからとか、いろいろなことを言う人がいるけれど、僕の考えでは、そこに熱量があったから。

熱量があることが、インフルエンサーがインフルエンサーたる所以だと思っている。

たとえば、毎日お弁当の写真をインスタグラムに投稿している主婦がいる。まるで作り物のように彩り豊かで手の込んだお弁当の写真を、アングルや構図、フィルターなども駆使して毎日アップしている。彼女は間違いなく、お弁当への熱量を持っている。また、それを写真に撮ってインスタにアップすることへの熱量も高いだろう。

その熱量に多くの人が惹きつけられ、たくさんの「いいね!」が寄せられる。彼女の熱が伝播していき、結果として、彼女は人気インスタグラマーとなり、影響力（インフルエンス）を持つことになる。

それに対して、節約のために仕方なくお弁当を作っていて、せっかくだからインスタにもアップしておこう、という人は熱量がない。だから、どんなに見た目が美しいお弁当でも、フォロワーは増えていかない。反対に、料理初心者が作る、お世辞にも美味しそうとは言えないお弁当であっても、そこに熱量があれば、いずれ人は集まってくる。

熱量は、写真だけでなく、書いている内容や、そこで使われている言葉、あるいは投稿頻度など、様々な形となってSNS上に現れる。というより、**そもそもSNSというのは、人々の熱量が表出された世界だと言えるだろう。**

人は熱量でつながる

自分と同じ趣味を持つ人とつながりたいと考えたとき、あなたはどうやって見つけるだろうか？　もちろん、周りの人に声をかけて探してもいいけれど、今はSNS全盛時代。その趣味のグループやコミュニティに入れば、すぐにたくさんの同志を見つけられる。

さらに個人的に仲良くなれる人はいないかと探すとき、何をポイントにするだろうか？おそらく、やりとりしていて楽しいか、一緒に盛り上がれるかどうか、といった点が気になるはず。そのとき、フォロワー数や「いいね！」の数、影響力なんて関係ない。何よりも、自分と同じ熱量があるかどうかが判断基準となる。

仲の良い友人や意気投合する人というのは、必ず何かしら、自分と同じ熱量を持っている。趣味が同じだったり、同じ地元の出身だったり、人生のポリシーが共通していたり。あるいは、単に同じビールの銘柄が好き、という場合もあるかもしれないけれど、いずれにせよ何らかの共通項と呼べるものがある。だから、ふたりの間に縁が生まれ、それが続いている。

その共通項には、好みのビールのように比較的浅いものもあれば、人生観や価値観など、その人を形づくる核の部分でつながっている場合もあるだろう。核というのは熱量が高いので、その関係性は長く続きやすい。だから、恋人を選ぶときには、なるべく核に近いところで同じ熱量がある人を選ぶようにすると、うまくいきやすいと思う。

僕自身が持っている熱量と言えば、ひとつは「ガンダム」。昔から大好きで、今でもプラモデルを作ったり、映画を観たりしている。アメリカに住んでいた頃や、勉強や仕事に忙しかった頃には遠ざかっていたけれど、最近また熱量が戻ってきているのを感じている。

でも、ガンダムへの熱量が低い人もいる。というか、低い人、まったくない人のほうが世の中には多い。だから、ガンダムの話を持ち出すときは、相手の反応を確かめながら、その熱量を探る。どうも熱量ゼロだなと思ったら、必要以上の話はしないようにする。反対に、僕と同じくらいの熱量があるとわかれば、ここぞとばかりに熱く語って、マニアックな話で大いに盛り上がる。

ガンダムを知らない人とはつながれない、ということでは決してない。ただ、自分と相手の熱量が同じならつながりやすいし、関係性を作りやすいということ。だから、ガンダムを知らない人とは、他の熱量でつながればいい。相手の熱量がどこにあるのかを会話の中から探って、見つけ出せばいい。

熱量は低くてもいい

人との共通項で言えば、同じ駅に住んでいるとか、単に年齢が同じということもあるかもしれない。ただし、その人とつながりたいのであれば、ただ「同じ」というだけではダメで、そこに熱量を持っているかをきちんと見極めなければいけない。

たとえば、同じ名字の人に出会うと、それだけで一気に昔からの知り合いのように振る舞う人がいるけれど、もし相手がその名字を気に入ってなかったらどうだろう？　自分はものすごく愛着があって、誇りを持っている（＝高い熱量を持っている）かもしれないけれど、相手はどうかわからない。

だから、単なる共通項があればいいのではなく、そこに熱量があるかどうか、という目で見なくてはいけない。それがどんな共通項であっても、互いに熱量を持ってさえいれば、すぐに打ち解けられ、つながることができる。

さらに言えば、同じ熱量を持っていたとしても、そのレベル（高低）は人それぞれだし、熱量が低いとダメということでもない。

僕は、自分のガンダム熱量は結構高いほうだと自負しているけれど、低めの人とだって当然仲良くできる（ガンダム熱量ゼロの人と比べたら、圧倒的につながりやすいのは言うまでもない）。

ただ、なるべく同じ熱量レベル同士のほうが、つながりやすいとは思う。ガンダムに人生を捧げているような超ハイレベルの熱量を持つ人と、「昔アニメを観ていました」というレベルの人とでは、たしかに同じガンダムへの熱量は持っていても、実際のところ話が合わないことも多い。

それは、お互いが相手のレベルを理解した上での会話をしていないことも原因だけれど、そもそも熱量の差が大きすぎる。それよりも、「昔アニメを観ていた」レベル同士のほうが、かえって盛り上がれることも多い。熱量が同じだから、ガンダムに対して同じような目線からの会話ができ、そこにつながりを感じられるからだ。

それに、熱量が低い人に一生懸命に熱い思いを伝えて、相手の熱量を上げようとする時間と努力がもったいないし、むしろ無駄とも言える。そんな時間があったら、今の時代、まだ見ぬ同志（自分と同じかそれ以上に熱量が高い人）を探し出したほうが早い。それがインフルエンサー戦略の基本だ。

熱は「高↓低」で移動する

突然ですが、ここで理科の時間です。

熱というのは、温度が高いところから低いところへと移動します。要するに、高温のものと低温のものが接しているとき、高温のほうの熱が低温のほうに伝わっていく、ということ。これを「伝導」と言います。また、熱により近づいたほうが、より早く熱が伝わります。

さて、この法則は人間の熱量にも当てはまる。**つまり、熱量が高ければ高いほど、それが他人に伝わりやすい。**ＳＮＳでは、発信する人の熱量が高いほど拡散しやすいことを意味する。

わかりやすく言えば、熱は高いところから低いところへ移動するのだから、もしあなたが世界一高い熱量で発信すれば、それを見たすべての人に熱量を伝えられるということ。あなたの熱量を受け取った人がさらに発信し、それを受け取った人がまた発信し……徐々に熱量は下がっていくけれど、同時に、広くあまねく拡散することになる。

それに、生き物は熱のあるところに引き寄せられる。熱量の高い人のもとには、同じように高い熱量を持った人が集まる。すると、熱量の高いコミュニティができ、その中心部の熱量はさらに高くなる。そうすると、少し熱量が低めの人たちにも熱量が届き、さらに人が集まって、輪が広がっていく。

これをマーケティングで考えてみよう。たとえば、僕がこの本をより多くの人に広めたいとする。仮定の話じゃなくて、実際そうしたい。だから、これは僕のリアルな戦略だ。

まずは、本そのものへの熱量を最高潮まで高める。これは、出版社から話をもらって、取材や執筆という段階を経ていく過程で、すでにどんどん高まっている。本が完成する頃にはＭＡＸになっているはずだ。

ところで、たぶん気づいていると思うけれど、この本は「熱量」が大きなキーワードになっている。だから、僕と同じように「熱量」という言葉を発している人にアプローチをかけてみよう。つまり、「熱量」への熱量がそもそも高い人、ということ。

そういう人は、僕に比較的近い熱量を持っているに違いないし、なかには、この本に共感してくれる人もいるだろう（いてほしい！）。その人は、きっと自分と同じか似た熱量を持つ人に、この本を勧めてくれると思う（ぜひ勧めてほしい！）。

そうやって、この本への熱量のもとにコミュニティができあがる。そこでは、この本への感想が寄せられたり、熱量についての意見が交わされたりする。すると、ますますコミュニティの熱は高まり、純度も高くなって、より広く、より遠くまで伝播していく。

そうして、この本はベストセラーになる……というのが、僕が目指している筋書きだ。

さらに、その熱量の高いコミュニティを維持できれば、何年も続くロングセラーだって夢じゃない。ここが、従来の本やブランドの売り方とは違うポイントだ。

そう、熱量の高さは、それが伝わる範囲だけでなく、寿命にも影響する。

最初から高い熱量を持っていれば、それは長く続くけれど、熱量が低いと一時的な人気で終わってしまう。温度が高ければ冷めにくいのだ。

それを体現しているのが、いわゆる高級ブランドだ。何百年にもわたって世界中で愛されているようなブランドは、その創業者にものすごく高い熱量があったはず。こだわりや信念といった熱い思いがあり、愛があった。だからこそ時代を超えて語り継がれ、愛され、今なお多くの人がその熱量に魅了されている。

熱量には「色」がある

「熱量には色がある」ということのわかりやすい例が、いわゆる「鉄ちゃん」、つまり鉄道ファンの人たちだ。

彼らはもちろん、鉄道への熱量が半端なく高い人たちだけれど、同じ鉄道好きでも、乗るのが好きな「乗り鉄」、写真を撮りたい「撮り鉄」、やたら車両に詳しい「車両鉄」のほかに、発車ベルや車内放送に熱くなる人、時刻表を眺めるのが幸せという人、切符の収集に血道を上げる人……というように、そこには様々なタイプがある。

鉄道という同じ熱源を持っていても、それを見ている角度や視点はそれぞれ違っている。だから、発せられる熱量の色も違ってくる。

再び理科の時間。熱そのものは目に見えないので、炎で考えてみてほしい。わかりやすいのが花火。夜空に打ち上がる色とりどりの花火は、炎の色の違いによって図柄が描き出されている。これは、燃やされる金属によって炎の色が変わることを利用したもので、身近なところで言えば、ガスコンロの青い炎とろうそくの白い炎の違いもそう。

熱量の色には、こういう熱量なら赤色といった決まりがあるわけではないけれど、「熱量にもいろいろある」と知っておくことが大切だ。そうでないと、同好の士だと思って近づいていったのに、「あれ、何か違う」と不審に思ってしまいかねない。

ただし、自分と同じ色の人とつながろう、という話ではない。むしろ、自分とは違う色の人の話を聞いたほうが、新しい視点や知見を得られるので、意味のある関係を築きやすいと僕は思う。そのためにも、まずは自分の熱量はどういうものかを知り、それに対して相手はどうかを把握するように努めれば、その後のコミュニケーションを取りやすい。

ちなみに僕は、人材を採用するときや一緒に働くメンバーを決めるとき、熱量の色が同じ人は基本的に選ばないようにしている。様々な色が集まるようにし、それぞれが自分の熱量の高いところで力を発揮してほしいからだ。

鉄道ファンに向けたサービスを始めるとして、乗り鉄ばかりを集めるよりも、いろいろな「○○鉄」を広く揃えておいたほうが、相乗効果が生まれてサービスに幅が生まれ、最強チームになれる、というわけ。


フェイスブックにいたときも、まったく同じ特性や強みを持つ人がいないな、という印象を受けた。各自の熱量を把握して、あえて重ならないようにしているのだ。同じ営業部員でも、外資に強い人、メーカーが得意な人、オンラインに強い人など様々で、おかげでうまく役割分担ができていた。

こういうチーム作りは非常に合理的なだけでなく、そこに集まったメンバーもまた、自分の熱量を発揮しやすい。それに加えて、リスクマネジメントの面でも、チームには様々なタイプの人がいたほうがいい。

自分は何に熱量を持っているのか、それはどのくらい高いのか、また、他の人と比べてどう違うのか、といったことを自分自身で把握しておくと、戦略的に人生を生きられる。

人生の中で時間をかけるべきものがわかり、同じ熱量の人たちとつながることで質の高いコミュニティを作れるようになる。

ただし、本当に自分とまったく同じ熱量を持っている人というのは、自分みたいな人間がもうひとりいるわけだから、結構ウザかったりもする。それに、そこに競争心が生まれることもある。つまり、現代の「競合」や「ライバル」は「熱量がまったく同じ」という定義になる。

好きかどうかは関係ない

熱量についてあれこれ説明しているけれど、誤解しないでほしいのは、「熱量がある＝好き」というわけではない点だ。好きなものに対して熱量が高くなるのは当然のこととして、だからといって、必ずしも「好き」と「熱量がある」はイコールじゃない。

「熱量」という言葉を辞書で調べてみよう。「熱エネルギーの大きさを表す量」「比喩的に、熱気。熱意。情熱。また、その度合い」（小学館『デジタル大辞泉』より）。どの説明がピンと来るかはわからないけれど、僕の言いたいこととは合致している。「熱」と言わずに「熱量」と言っているのは、まさに後者のニュアンスを持たせたいからで、英語なら「カロリー」だ。

要するに、熱量というのは、そのものに対する「情熱」だったり、「思い入れ」だったり、あるいは「愛」と言ってもいいのかもしれない。とにかく、その言葉どおり、自分の中に熱い想い、熱いエネルギー、熱い何かが湧いてくる、そんなものを指して「熱量がある」と僕は言っている。

だから、好きでないものに対しても、高い熱量を持つことは可能だ。僕自身、紅茶はあまり好きではないけれど、ユニリーバで〈リプトン〉のブランド責任者をやっていたときには、もちろん高い熱量を持って臨んでいた。

1世紀以上にわたって世界中に愛されている紅茶ブランド、〈リプトン〉。その創始者であるトーマス・リプトン卿は、たぶん紅茶が好きな人だったのだろう。紅茶への彼の高い熱量が、このブランドの原点にある。

彼が目指したように、この紅茶を世界に広めるべくブランドを率いていくには、できればリプトン卿と同じくらい高い熱量を持ったほうがいい。そのとき、紅茶そのものへの熱量を高める、つまり紅茶を大好きになるという手もあるけれど、あいにく僕は根っからのコーヒー派。ただ、リプトン卿のビジョンには共感できた。

19世紀末、紅茶は貴族のための飲み物で、1袋が今の価格で何十万円もするような高級品だった。でも、紅茶という素晴らしい発酵食品をより多くの人に広めたいと考えたリプトン卿は、当時一般的ではなかった量り売りを採用して、1杯分から茶葉を買えるように工夫した（それがのちのティーバッグになる）。

「たくさんの人に、気軽に上質な紅茶を飲んでもらいたい」というリプトン卿の熱い思い。僕はそのビジョンに魅力を感じ、共感した。そして、自分の中の熱量を高め、この点に関してなら誰よりもリプトン卿の気持ちがわかる、と言えるまでに自信を深めていった。スリランカの茶園に行ってリプトン卿が実際に使っていた椅子に座ったり、その茶園で働いている人たちと一緒に寝泊まりしたり、できるだけリプトン卿と同じ体験をし、同じ視点に身を置いてみることで熱量を上げていった。

その熱量によってチームを率い、〈リプトン〉をアジア・オセアニアの隅々にまで届けるべく走り回ったけれど、やっぱり紅茶を好きにはなれなかった。それでも、今でも〈リプトン〉というブランドへの敬意や共感は抱き続けている。

最近で言えば、僕は今、蓄電池のビジネスに携わっている。これまでのリチウムイオン電池は、長時間使い続けると熱くなり、発火する危険性があった。その問題点を改良した、熱くならず、しかも永遠に使える電池の開発を行っている会社があり、僕はそのブランディングやクリエイティブ周辺のお手伝いをしている。

もちろん、蓄電池に熱い想いを持っているわけじゃない。ただ、その会社の社長が最終的に目指しているのが「世界平和」だと聞いて、それに大いに共感し、その熱量に引き付けられたのだ。たしかに、電池が永遠に使えるようになれば、エネルギー資源の奪い合いがなくなり、少しは戦争が減るだろう。そこに僕も貢献したい。

他にも、イギリスで超プレミアム日本酒を造って日本酒の価値を高めるプロジェクトや、高たんぱく質かつ低糖質のフードデリバリーを行う事業でも、シンプルに、最終的には「世界が平和になればいい」というビジョンで進めている。日本酒にせよ、フードデリバリーにせよ、モノの良さと日本の文化とそれぞれの創業者の思いが掛け算されていて、その高い熱量に感化され、僕も事業に参画している。

どちらの場合も、商品・サービスそのものに熱量を持っているわけではなく、会社として

のビジョンに共感し、そこに同じ熱量を持ったから、全力でサポートしたいと考えている。

熱量とは、そういうもの。そこに好き嫌いは関係ない。

熱くなれるかどうか、それだけだ。

顧客とつながるのも熱量

熱量でつながるのは、人同士だけじゃない。企業と企業、それに企業と顧客のつながりも、やっぱり熱量がその根底にある。

最近、ブランド同士のコラボレーションやタイアップがよく見られるようになった。ラグジュアリーブランド〈ルイ・ヴィトン〉のメンズ部門のアーティスティック・ディレクターに、ストリート系ブランドを率いるヴァージル・アブローが抜擢されたことは、大きな話題になった。

一見、ファッション業界の対極に位置するような両者がタッグを組めたのは、同じ熱量があったからだ。ラグジュアリーとストリートの垣根を越えて、より良いものを顧客に提供したい。ラグジュアリー層にはストリートの無骨な格好良さを、ストリート層にはラグジュアリーの洗練された格好良さを伝えたい。そんな熱量を共有したのだと思う。

コラボレーションが実現したことで、それぞれが持っている熱量を、互いの顧客に伝えることもできる。顧客は、それまで自分には縁がないと思っていたブランドに期せずして触れることになり、「意外と好きかもしれない」「結構いいじゃん」といった新たな発見をするかもしれない。自分の中に眠っていた熱量が引き出されるのだ。

さらに言うと、このコラボレーションは、「ラグジュアリー×ストリート」というまったく新しい熱量を創出したことにもなる。そこには当然、その熱量に引き寄せられた人たちが集まり、新たな顧客層・ファン層を作り上げていくだろう。

結局のところ、顧客やファンは、企業やブランドそのものが好きなわけじゃない。

その企業、そのブランドが持っている熱量に惹かれているのだ。

だから、顧客層を広げ、ファン層を作っていくなら、自社・自ブランドの熱量を認識して、それをしっかり発揮しなければいけない。熱量のないところに、人が引き寄せられることはない。

熱量でコミュニティができる

人は熱量によってつながりを作る。熱量のもとに人が集まり、それはやがて集合体となっていく。同じ熱量を持った人々のコミュニティだ。

コミュニティと言っても、これは単に人を集合体として捉えているだけで、実際に組織化されていたり、集まって活動したりするものを指しているわけじゃない。世田谷区に住んでいる人たちは世田谷区コミュニティだし、ＥＸＩＬＥファンはＥＸＩＬＥファンというコミュニティ、ビール好きのコミュニティもあるだろう。世田谷区やＥＸＩＬＥ、ビールといった熱源のもとにいる人々の集合体、といったイメージだ。

そこには、高い熱量でつながっているコミュニティもあれば、低い熱量のコミュニティもある。ＥＸＩＬＥファンのコミュニティはかなり熱量高めだけど、世田谷区コミュニティはそうでもないかもしれない。ビール好きは、人によって熱量に差がありそうだ。

ただ、誰もが自分が住んでいる街のコミュニティに属しているかと言えば、そうじゃない。

ここでは、何の熱量のコミュニティなのかを理解することが重要だ。世田谷区というコミュニティの中でも、利便さ、ブランド価値、環境など、人によって様々な熱量を持っていて、それぞれにコミュニティがあると言える。だから反対に、地域にまったく興味がない人はコミュニティに入らない。

それでも、ほとんどの人は住んでいる地域に何らかの関心があるはず。たとえば、ニュースで街の話題が出ると気になるとか、同じ街に住んでいる人に出会うと街の話をしたくなるとか。熱量があるとは、そういうこと。世田谷区には興味はないけれど三軒茶屋なら関心がある、という人もいるかもしれない。

それで言うと、実際に住んでいなくてもコミュニティに属している人はたくさんいる。郷里の街とか、旅行で訪れて気に入った街とか、いつか移住したいと考えている街とか。その街の名前を見かけるとつい見てしまう、ついニュースを追ってしまう、気になって情報を集めてしまう……それらはすべて熱量がなせること。熱量があるなら、その人はコミュニティの一員だ。

意識的であれ無意識的であれ、人は必ず何かしらのコミュニティに属している。それも複数の、数多くのコミュニティに属している。

ネットワーククオリティの時代へ

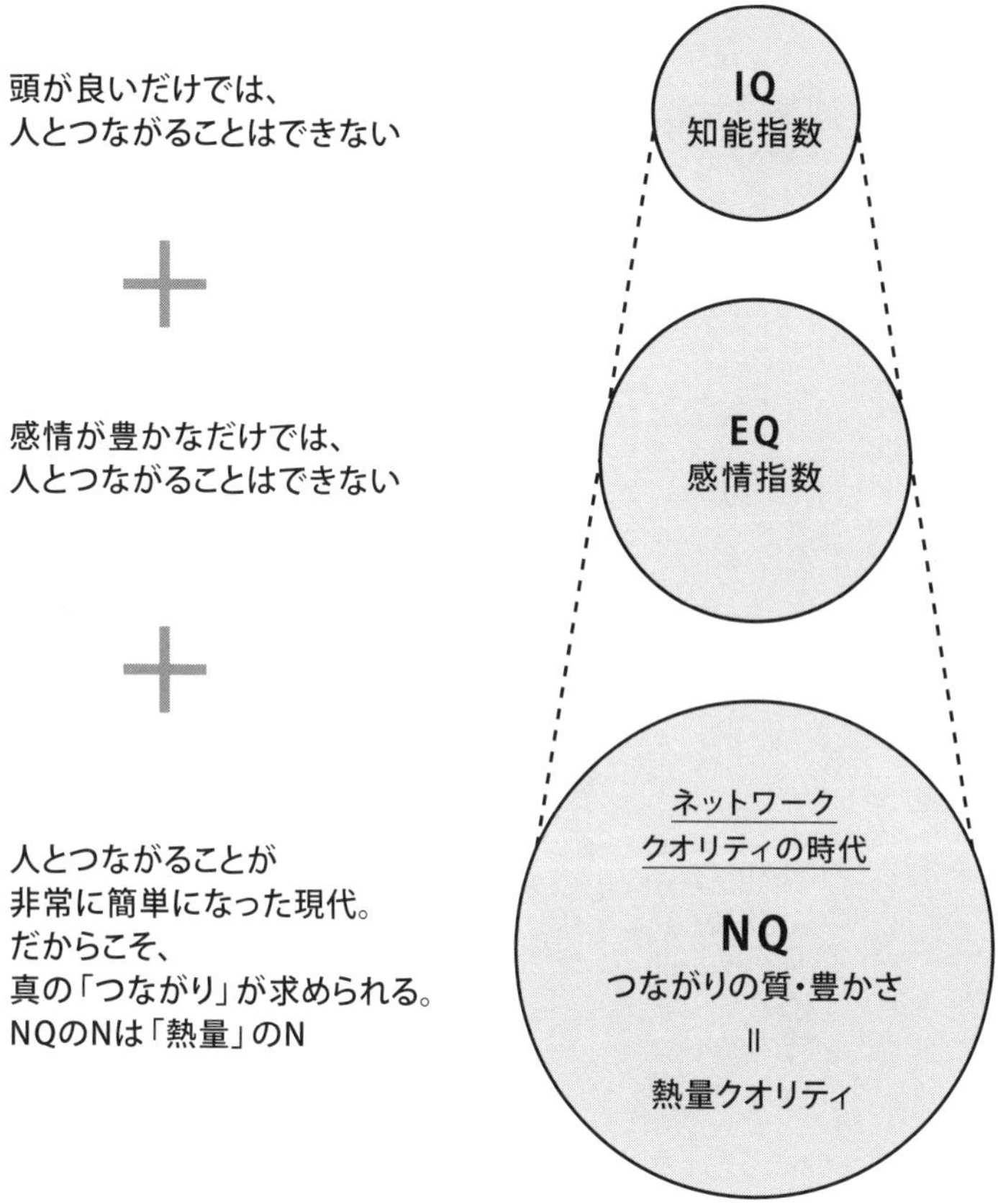
頭が良いだけでは、
人とつながることはできない
IQ
知能指数
感情が豊かなだけでは、
人とつながることはできない
EQ
感情指数
人とつながることが
非常に簡単になった現代。
だからこそ、
真の「つながり」が求められる。
NQのNは「熱量」のN
ネットワーク
クオリティの時代
NQ
つながりの質・豊かさ
＝
熱量クオリティ

もしもピンと来ない人がいたら、こんな話はどうだろう。会社で同僚と話すときと、家族と話すとき、趣味のサークルで友達と話すときでは、態度も言葉遣いも違うし、使っている脳も違うだろう。それは、コミュニティに応じて熱量を使い分けていると言える。同僚とは仕事の話をするし、サークルの友人とは趣味の話しかしない、というように。

反対に、地域の集まりなのに会社の話しかしないような人は、その地域に熱量がないということ。ただ、その地域在住というカテゴリーに属しているだけだ。

こんなふうに熱量で人を考えてみると、年齢とか住んでいる町といった個人情報が、それだけではいかに無意味かがわかる。

つまり、コミュニティとカテゴリーとはまったく違うと思っていい。

この本を読んでいる人の中には、カテゴリーをターゲットにして広告配信などをしている人も多いだろうけれど、世田谷区在住だからといって世田谷区に熱量があるとは限らない。そんな人に、世田谷区民のための情報を流しても無駄。その人は、本当は鎌倉に住みたくて、鎌倉の情報ならいくらでもほしいけど、世田谷区にはもううんざりしているかもしれないのに。

デジタルによって個人情報が簡単に手に入るようになったことで、人々をカテゴリー分けすることが容易になった。でも、それは単なる情報をもとにした分類に過ぎず、ひとりひとりの熱量に基づいたコミュニティを無視している。

熱量のないところにアプローチしても、何の果実も得られない。

熱量でコミュニティを育てる

企業にとっては、すでにいる顧客のコミュニティを意識することも大切になる。自社の顧客には、一体どんなコミュニティがあるか。言い換えると、どんなところに熱量を持っている人が自社の顧客になっているのか。それがわかれば、新たなビジネスチャンスが見えてくる。

〈リプトン〉で考えてみよう。この紅茶を飲む人たちは、どんなコミュニティに属しているだろうか。当然、紅茶好きコミュニティはあるだろうし、〈リプトン〉そのものが好きなコミュニティもあるはずだ。リプトン卿ファンというコミュニティは人が少なそうだけど、〈リプトン〉のロゴが好きなコミュニティや、ペットボトルのミルクティ「白の贅沢」が大好きというコミュニティなど、様々なコミュニティが思い浮かぶ。

〈リプトン〉から離れたところにあるコミュニティも考えられる。たとえば、紅茶好きの中でもティーバッグ愛用者のコミュニティかもしれないし、スリランカ産茶葉が好きなコミュニティかもしれない。

さらに想像をめぐらせてみると、忙しい人のコミュニティや見栄っ張りコミュニティなんかもありそうだ。このコミュニティに属する人たちは、時間がないために簡単に紅茶を入れられる〈リプトン〉のティーバッグを選んでいたり、安い紅茶は嫌だけど高級すぎると毎日飲めないという理由で購入しているのかもしれない。

このように顧客をコミュニティとして捉えると、新しいマーケティング戦略が見えてくる。仕事が忙しいコミュニティの人たちが集まっているところにより多くの広告を出すとか、見栄っ張りコミュニティには、ティーバッグじゃない缶入りの茶葉や、リプトン卿の名を冠したハイグレード茶葉を提案するのもいいだろう。

そして何より重要なのは、コミュニティに適した熱量を伝えること。忙しい人に、スリランカ産茶葉の素晴らしさを説くのは的外れ。彼らの熱量はそこじゃない。そもそも忙しくて時間がないのだから、長々とした解説は読んでくれないだろう。それよりも「時短」をアピールしたほうが効果的だ。

コミュニティを意識することで、企業・ブランドは熱量を発揮しやすくなり、結果的に、顧客ひとりひとりの熱量に添ったアプローチが可能になる。

コミュニティに働きかけることで、コミュニティ自体の熱量を高めるだけでなく、ひとりひとりの熱量を高めることにもつながる。

熱量の高い顧客（ファン）が集まったコミュニティを育てることができれば、そこには必ずシナジーが生まれる。忙しい人コミュニティの中に、忙しい〈リプトン〉ファンのコミュニティができて、そこから本当の人のつながりも生まれるかもしれない。そのつながりが人を呼び、さらに広がっていく。みんな、熱量でつながっている。

コミュニティは熱量の集積地。そこには強大なパワーが秘められている。

マーケターよ、それを活用しないでどうする。

熱量でコミュニティを口説く

実際に僕がコミュニティを活用して熱量を伝播した例がある。それはインスタグラムだ。

写真共有に特化したインスタグラムは、今では世界に10億人以上のユーザーを持つ巨大SNSだ。2012年にフェイスブック傘下となり、2014年に日本語アカウントが開設された。日本事業の初代責任者となったのが、僕。

その地位を獲得したときの面白いエピソードもあるのだけど、それは別の章に譲るとして、ここでは、どうやって日本でインスタグラムを普及していったのかを話したい。そのポイントは、もちろん熱量であり、熱量のもとに形成されたコミュニティだ（それと現場主義）。

インスタグラムは写真共有アプリ。ということは、インスタグラムのユーザーとして狙うべきは、当然、写真が好きな人たちだ。そこで僕たちは、チームとともに写真やカメラが好きな人のコミュニティを探し出し、彼らの集まる場所に実際に足を運んでは（現場主義！）、インスタグラムを使ってみないかと口説いていくことにした。

というのも、ユーザーが少ない初期段階では特に、タイムラインに美しい写真が並んでいることが重要だと考えたからだ。それも、日本に関係のある美しい写真が必要だった。パッとしない写真ばかりが投稿されていては、誰も使ってみたいとも、見に行こうとも思わない。そこで、写真好き・カメラ好きの人たちに、真っ先に、かつ頻繁に投稿してもらおうと考えた。それに、写真を撮るのが好きな人は、おおむね写真を人に見せるのも好き。だから、インスタグラムとの相性はいいはずだ、という目論見もあった。

そうは言っても、「インスタグラムいいから使って」と口説いたところで、そう簡単に落とせるはずがない。こちらの熱量を伝えるには、まずは相手の熱量に合わせなければいけない。熱は高いところから低いところへ移動する。写真・カメラのコミュニティは、かなり熱量が高い人の集まりだ。熱量の低い人間の話なんて誰も聞いてくれないだろう。

そこで僕は、コミュニティを探すのと同時に、写真やカメラの勉強を始めた。ライカのイベントや一眼レフの学校に通って（現場主義！）、現像の仕方や写真の撮り方を真面目に学び、自分の中の写真・カメラに対する熱量を高めていった。

そして、ある程度の知識と言語を持った上でコミュニティに入っていった。そのときには、まるで「20年くらい写真をやっています」という雰囲気をにじませていたと思う（それくらい熱量を高めていたということだ）。そうやって当時、日本一熱量の高い写真展を開催予定だった金沢21世紀美術館で僕の写真を展示してもらうため、富山や金沢といったローカルの写真クラブに入会したり、オフ会にも参加した（現場主義！）。

実際にコミュニティに入ってみると、新たな発見があった。ギャラリーを持つのが夢だと話す人がたくさんいたのだ。そこで僕は、こう語って魅力を伝えた――「インスタグラムなら、今すぐギャラリーを持てますよ。銀座でギャラリーを開くには大金がかかるけど、アプリなら無料だし、銀座のギャラリーの何十倍、何百倍もの人が見てくれますよ」。

その話を聞いて、実際に始める人が何人も出てきた。その噂を聞いて、さらにアカウントを持つ人が増えた。そうやって写真好き・カメラ好きの間でインスタグラムが広がっていき、タイムラインに美しい写真が並ぶようになると、見るだけのユーザーも増えた。やがて著名人が使い始めたことで、一般の人にも広く認知されるようになった。

これが成功したのは、僕と国内外のインスタグラムチームのメンバーたちが、コミュニティと同じ熱量を同じ高さで持っていたから。

だから、コミュニティの人たちは僕の話をちゃんと聞いてくれたし、僕のインスタグラムへの熱量を理解してくれた。写真のこともカメラのことも知らずに乗り込んでいっていたら、無視されるどころか、早々に放り出されていただろう。

こうして、写真・カメラ好きに浸透したことをきっかけに、インスタグラムの利用者は順調に増えていった。さて、次はどうしよう？　山好きや料理好きなんかも相性が良さそうだ。インスタグラムとの親和性を考えると、それらのコミュニティを口説き落とすにはどうすればいいだろう。もちろん、まずは彼らと同じ熱量を持って、そしてコミュニティに入っていく。そうすれば、きっと話を聞いてもらえる。

インスタグラム・ジャパンの最初の1、2年で、僕たちはこうしたことを集中的かつ戦略的に行った。おかげでユーザー数は爆発的に増えていき、わずか3年で「インスタ映え」なる言葉が流行語大賞に選ばれるまでになっていった。

熱量を高める現場マジック

誰もが熱量を持っている。高い熱量もあれば、低い熱量もある。繰り返しになるけれど、高いからいい、低いからダメ、ということではない。

ただ、これがビジネスになると話は違う。商品を広めたい、ブランドを周知したい、というとき、それはブランドの熱量を伝播していく作業だ。そのためには、企業・ブランドの熱量が高くなければいけないし、そこに携わる人間の熱量も高くないと遠くまでは広がらない。

なぜなら、熱量は高いところから低いところへ移動するから。

そのために、チームの熱量を高める必要がある。もちろん、新しくビジネスを立ち上げる場合なら、最初から高い熱量のメンバーだけを集めてチームを作ることも可能だろう。ただ、会社の場合、なかなかそうはいかない。そこで、メンバーの熱量を高めるには、まずリーダーの熱量を高める必要がある。

ここで思い出してほしいのが、熱量がいちばん高い場所。そう、「現場」だ。先ほど説明したように、僕はリプトン卿のビジョンに共感したことで、〈リプトン〉への熱量を育てることができたわけだけど、それには鮮烈な現場体験も後押しとなっていた。しかも、それは会社（ユニリーバ）がお膳立てしたものだった。

ユニリーバは、〈リプトン〉というブランドを世界に広めるためには、やはり創始者であるリプトン卿と同じ思いを持つことが大事だとわかっていた。そこで、ブランドマネージャー以上の役職に就いた者を〈リプトン〉の紅茶が生まれた地、スリランカに行かせることがある。

品質の安定した紅茶をより多くの顧客に届けるため、リプトン卿はスリランカの広大な茶園を買い取り、栽培から生産までを一貫して行うことで、「たくさんの人に、気軽に上質な紅茶を飲んでもらいたい」というビジョンを実現した。「茶園から直接ティーポットへ」というスローガンのもとに、ブランドの熱量を高めていった。

その茶園へと実際に足を運び、リプトン卿が見た光景を自分の目で見て、リプトン卿のビジョンに思いを馳せることで、リプトン卿と同じ熱量を育てる。それがユニリーバの狙いでもある。

もちろん、僕も現地に赴いた。スリランカの農園は非常に標高が高いところにあり、一面に茶園が広がる光景は圧巻だ。早朝、良い茶葉は朝露に濡れて光っている。僕は、その様子を見るために茶園で働いている人たちのバンガローに泊まらせてもらい、彼らと一緒に過ごして、茶摘みの様子も見学した。そのおかげで、茶摘みの大変さや一日で採れる量の少なさ、そして紅茶の貴重さを現場で体感することができた。

茶園には「リプトンズ・シート」と呼ばれる場所がある。リプトン卿が実際に座って景色を眺めていた場所だ。そこに座ると、広大な茶園が一望できた。それはもはや自分がリプトン卿かと錯覚するほどの体験。「リプトン卿もこの景色を見ていたのか」という感慨に続いて湧いてきたのは、「これは半端なことはできないな」という強い決意だった。

その後、茶葉のオークション会場やスリランカの自社工場に足を運び、ここでも、良いものを消費者に届けることの難しさ、厳しさを知った。日本に戻ってからは国内工場に向かい、そして本社に戻る。そこからが本来の仕事だ。コンセプト作り、デザイン、広告、マーケット分析……これらもまた、リプトン卿の追体験。これでようやく、リプトン卿と同じ立場でものを考えられるようになる。

現場に足を運び、リプトン卿の思いに触れ、同時に難しさも知ることで、熱量が育まれる。**企業やブランドというのは、そもそも創業者の熱量によって生み出されたもの。熱量を高めるなら、創業者と同じ熱量を自分の中に持てばいい。**

そのためには、創業者が存命で、それが可能なら、ある程度の時間を一緒に過ごすのが手っ取り早い。それが無理なら、〈リプトン〉のように同じ経験をするのでもいい。とにかく現場を体験する。そうすれば、否が応でも熱量は上がる。

チームの熱量を高めるには

フェイスブックという会社は、社員ひとりひとりの熱量をうまく活用していた。各自の強みや関心を見極め、それに適した仕事を割り振るのがうまい。僕がインスタグラム・ジャパンの代表になったのも、僕がもともと絵やアートが好きなことを知って、会社がそれをうまく引き出す形で選んでくれたのだと思っている。

このように、個人の熱量を引き出し、活用しようとする会社は強い。熱量を踏まえた上で良い人材を揃えれば、それぞれに適した仕事を与えることができるだけでなく、より活躍して大きな成果をあげてくれることが期待できる。

チームの熱量を高めることはもちろん大事だけれど、そもそも適材適所になっていなければ、それぞれの熱量が発揮されにくい。やる気のない社員もいるだろうし、不本意な異動でやってきたメンバーもいるかもしれない。チームリーダーの熱量が彼らに伝わっていけばいいけれど、それだけに頼るのは無理がある。

そんなときは、適材適所になるよう配置転換することもひとつの手段だけれど、それよりも僕が実際に行っていたのは、新しいポジションを与えることだった。

地位や役職を与えるということではなく、その人の特性に合わせてチーム内での役割を明確にし、その人だけのゴールを設定することで、熱量を高めようというわけだ。

たとえば、人と会ってセールスすることが苦手な人がいたとする。でも、その人に与えられているゴールは売上数値。だから普通は、何とかして外回りをさせるけれど、そんなことを続けていたら、仕事そのものへの熱量が下がってしまう。

では、どんな目標を与えたら、その人は熱量を発揮して活躍してくれるだろうか。売上に代わるもの、売上につながるものは何だろう？　それはたとえば、もっと商品の認知を上げることかもしれない。そうすれば売上アップにつながることが期待できる。

一方、セールスが苦手な彼は、どんな熱量を持っているだろうか。どんなことが得意で、どんなことに関心が高いだろう？　もしかするとＳＮＳにどっぷり浸かっていて、一日に何十ツイートもしているかもしれない。ならば、彼にＳＮＳの運用を任せて、投稿頻度やフォロワー数などを数値目標として設定してみたらどうだろう。張り切って業務に取り組み、熱量を発揮し、成果を出してくれるはずだ。

このように、無理に配置転換しなくても、新しい役割を与えることで、高い熱量で力を尽くしてくれるようにすることはできる。熱量の低い部分はなるべく避け、熱量の高いところで活躍できるようにする。可能なかぎり各自の熱量に合った個人目標を設定することで、誰もが全力で活躍できるチームになる。

チームとしての目標はどうすればいいだろうか。それは、メンバーの熱量の最大公約数に設定するのがいいと僕は考えている。誰かひとりが飛び抜けて活躍するとか、別の誰かはほとんど貢献しないというのではなく、全員が活躍する前提の目標ということだ。

それぞれが得意なこと、自分が熱量を発揮できることをやって、チームとしての目標を達成する、そんな仕組みが理想的だ。

全員が熱量の高い仕事をできれば、チームの熱量が上がる。リーダーや一部のメンバーの高い熱量だけでチームを引っ張っていくのではなく、全員の熱量の底上げを目指し、それによって平均値を上げるのが望ましい。そのほうがビジネスの成功率は高くなる。

僕自身も、今ではそれを実践している。苦手なことは無理にやらず、それが得意な人に任せる。そうすることで、みんなが存分に熱量を発揮し、パワフルなチームになれる。そもそも僕の今のビジネスでは、社員ひとりひとりの弱点を克服する時間もないし、熱量が低いものを高くするエネルギーもないのだけど。

郵 便 は が き

141-8205

おそれいりますが
切手を
お貼りください。

東京都品川区上大崎3-1-1

株式会社CCCメディアハウス

書籍編集部 行

■ご購読ありがとうございます。アンケート内容は、今後の刊行計画の資料として利用させていただきますので、ご協力をお願いいたします。なお、住所やメールアドレス等の個人情報は、新刊・イベント等のご案内、または読者調査をお願いする目的に限り利用いたします。

ご住所	□□□-□□□□ ☎ − −		
お名前	フリガナ	年齢	性別
			男・女
ご職業			
e-mailアドレス			

※小社のホームページで最新刊の書籍・雑誌案内もご利用下さい。
http://www.cccmh.co.jp

愛読者カード

■本書のタイトル

■お買い求めの書店名(所在地)

■本書を何でお知りになりましたか。

①書店で実物を見て　②新聞・雑誌の書評(紙・誌名　　　　　　　　　　　　)

③新聞・雑誌の広告(紙・誌名　　　　　　　　　　)　④人(　　　　)にすすめられて

⑤その他(　　　　　　　　　　　　　　　　　　　　　　　　　　　　　　)

■ご購入の動機

①著者(訳者)に興味があるから　②タイトルにひかれたから

③装幀がよかったから　④作品の内容に興味をもったから

⑤その他(　　　　　　　　　　　　　　　　　　　　　　　　　　　　　　)

■本書についてのご意見、ご感想をお聞かせ下さい。

■最近お読みになって印象に残った本があればお教え下さい。

■小社の書籍メールマガジンを希望しますか。(月2回程度)　はい・いいえ

※ このカードに記入されたご意見・ご感想を、新聞・雑誌等の広告や弊社HP上などで掲載してもよろしいですか。

はい(実名で可・匿名なら可)　・　いいえ

第4章

マーケティングで何が起きているのか

マスマーケティングの限界

今、マーケティングは過渡期にある。諸外国に比べれば日本は出遅れている感があるものの、過去の「マス（大衆）」に向けたマーケティングから、「個人」に向けたマーケティングへと急速に移行している。いまだにマスの感覚で捉えているマーケターは多いけれど、この辺りで考え方をシフトしなければ、早々に自分の首を絞めることになるだろう。

提供するその商品・サービスは、国民全員に届けないといけないのだろうか？　おそらくそうではないはずだ。では、誰に届けたいのか。それを個人のレベルにまで落とし込み、「個」に届けるためにどうすればいいかを考えなくてはいけない。山手線をジャックするようなマスに受けることをやっても、個人には届かないことに気づく必要がある。

ひと昔前……といってもほんの十数年前だけど、まだデジタルが発達していない時代には、企業はひとりひとりの顧客を知ることができなかった。だから「マス」という対象を設定して、そこに向けた商品・サービスを作り、マーケティングを行った。テレビＣＭをはじめ、雑誌や新聞の広告、電車の中吊り広告などを通して、ひたすらマスに向けて発信し続けた。だから、日本中どこに行っても同じCMが流れ、同じ広告を目にした。

日本全国津々浦々の何千万もの人々に商品を認知させ、買わせようとするのがマスマーケティングだ。それはあたかも、「新作のレモンティーができました」と言って、紅茶嫌いの人や赤ちゃんにまで飲ませようとするやり方だ。当時はそれで一定の成果が出ていたわけだけど、どうしても目が粗く、要は雑だった。

その後、デジタルが普及し、顧客について少しずつ知ることができるようになったことで、「ターゲティング（ターゲティッドマーケティング）」が新たな主流となった。どんな人に広告を見てほしいか、どんな人に買ってほしいかといったターゲットを絞り、そこを狙ってマーケティングを行う。

範囲が狭まるので、当然マスマーケティングよりも確度が高い。30代女性の関心を引きやすい広告とか、40代後半の男性が好みそうな広告というように、「こういうカテゴリーの人たちには、こういうもの」という手法がどんどん確立していった。

でも、これでもまだかなりマス寄りだ。なぜなら、30代女性なんて日本に何百万人といるわけで、そんな括りでは広すぎる。それでは、「30代女性の標準」という枠に当てはまらない人が多すぎて、どうしても外す確率が高い。

わかりやすく言うと、「30代の女性はパンケーキが好きだよね。だからパンケーキを食べに行こう」と言って30代女性を口説くようなもの。これでは絶対に落とせない。本当に意中の女性を口説こうと思えば、実際は何回か食事に行ってデートを重ねて、たくさんの接点を持ち、それによって「個」としての好みを探っていくはずだ。

「個」を無視してカテゴリーだけを追いかけるのは、30代女性に片っ端からアプローチをかけるようなもの。無駄が多すぎるし、そんなやり方では、結局のところ誰にも振り向いてもらえない。はっきり言ってしまえば、ターゲティングでもまだまだ粗いのだ。

「個」を見るマーケティング

その先にあるのが、「パーソナライズドマーケティング」だ。ここまで来てようやく、ひとりひとりに対してアプローチを変えるマーケティング、「個」を見るマーケティングになる。これが、これからの……というより、すでに今の時代に求められているマーケティング

デジタル世界のマーケティング

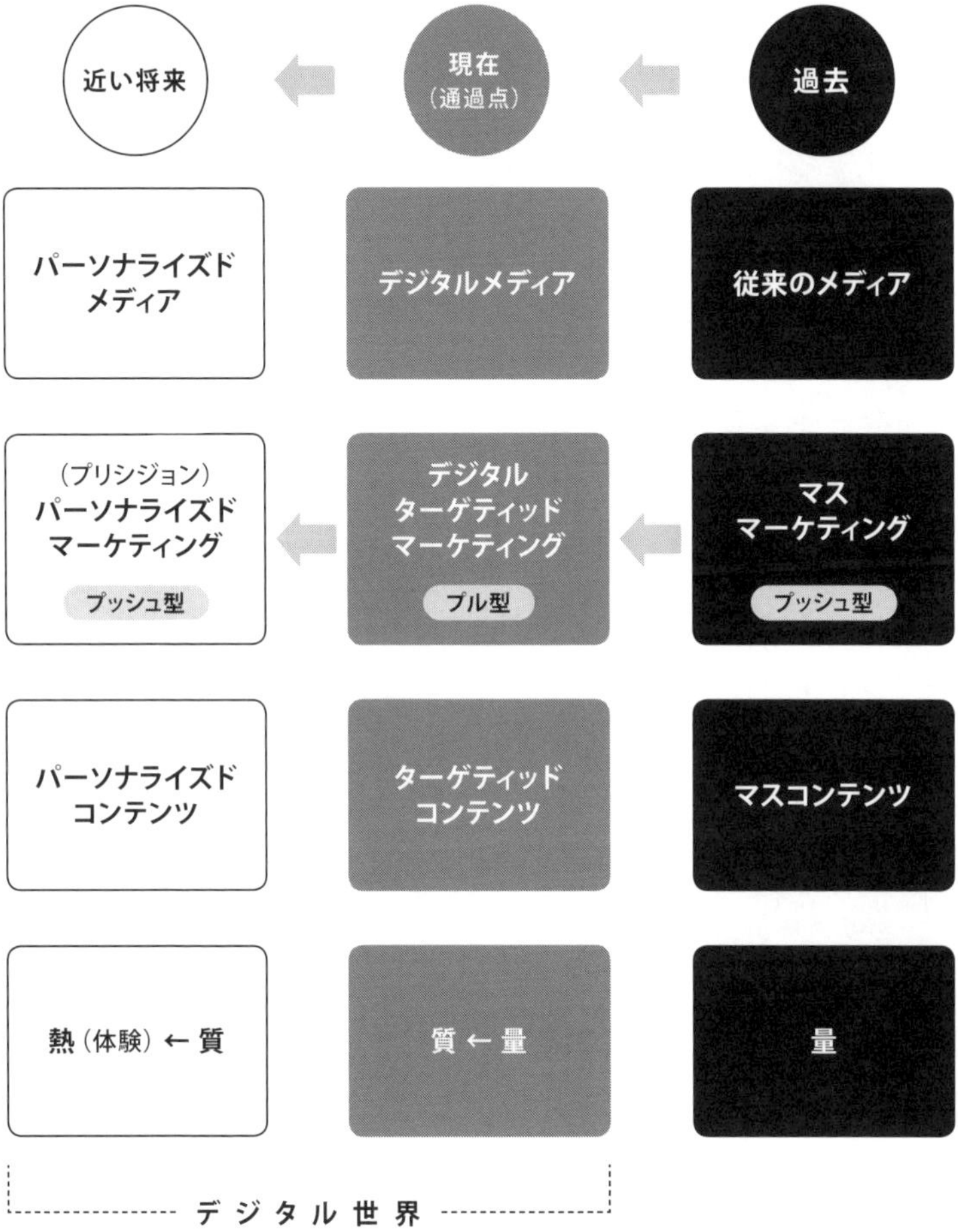

のあり方だ。

これは、パソコンやスマートフォンで情報収集し、モノを買い、シェアしたり口コミしたりといった、あらゆる行動がデジタルで行われるようになった時代だからこそ、その現実に適した手法に切り替えなければいけない、ということ。顧客の声を拾うことが容易になり、「個」を知り、「個」に近づくことが容易になったのだから、「個」に向けたマーケティングにシフトしなくてはいけない。


「個」にアプローチするということは、当然、同じ商品を売る場合でも、ひとりひとりに対する売り方は変わってくる。何を売るにしても、相手が何歳で、どんな生活をしていて、どんな趣味を持っていて……といった情報をもとに、より適切な売り方を選ぶ必要がある。商品の見せ方やウェブサイトのデザインを人によって変えることもできるし、異なるコンテンツを提供することも可能だ。

UI（ユーザーインターフェース）やUX（ユーザーエクスペリエンス）を高めて、個人にとってより使い勝手がいいようにカスタマイズし、レコメンド機能を充実させて、そこに個人データを反映させることもできる。たとえば、最近ピンクの小物を気にしているとわかれば、レコメンドでピンクの商品を押し出すことができる。

人によってボタンの配置が違ったり、忘れっぽい人にはプッシュ機能でリマインドしたり、左利き用のマウスを使っているとわかれば画面の配置を反転させたり、といった工夫も可能だろう。チャット機能でリアルタイムのコミュニケーションを取ることだってできるし、誰がどの広告をどのくらい見ているか、どんなブランド体験をしているか、といったことも把握できる。

こうした施策は、リアルの場で、どうやって効率よく、効果的に、顧客に対してスマートに振る舞うかを考えて行動することと同じだ。

デジタル技術を活用して、ウェブサイトという「現場」で顧客のことを思いながら、その熱量を下げることなく買い物をしてもらう、という発想が今後ますます重要になっていく。

マスマーケティングについて、僕はよく講演会で「マスマーケティングなんてもういらない」と全否定するため、プチ炎上することもある。ただ、最初は驚かれても、個人を大切にすべき理由を説明し、そのためには現場がより重要になることを伝えると、最後には一様に納得顔になってくれる。「やっぱりそうですよね」というポジティブな意見も多く寄せられる。

そう、みんな気づき始めている。あなたはどうだろう？　コロナ危機を受けて、なおさらその思いを強くしているんじゃないかな？

マスを追いかけていたあの頃

……と偉そうに語ってはいるけれど、僕自身、過去には思いきりマスマーケティングをやってきた。

その考え方が大きく変化したのは、前にも述べたとおり、フェイスブックにいたとき。アルゴリズムだの何だのと言うけれど、結局、人は熱量で動いているのだとわかった瞬間、それまでやってきたマスマーケティングがバカバカしくなった。マスマーケティングをやっても、そんなことで人間は行動しない、とわかったからだ。

コンバージョンレートとか、広告の表示回数とか、誰もそんなものを気にして買い物をしていない。たまたま手に取っただけとか、その場の勢いとか、そういう理由でモノを買うことも多い。人はあらゆる要素が重なって行動している。それが現実だ。だから、本当に何かを売ろうと思えば、顧客を知らなければ始まらない。

もしフェイスブックに行っていなかったら、もしあのとき何も気づいていなかったら、永遠にマスマーケティングをやっていたかもしれない。そう思うと空恐ろしい。

もちろん、マスマーケティングをやっていた頃は、それが正しいと思ってやっていたわけだし、世間的にもそれが正しいとされてきた。僕自身、マスマーケティングでの実績もたくさん残したし、そこでもてはやされたこともある。自分を「イケてるマーケター」だと思っていたこともある。

でも、今の時代で考えると、当時のマスマーケティングの手法はかなり乱暴だったと感じるし、ぶっちゃけ、ただのマスターベーションに過ぎないとすら思う。今の僕なら絶対にやらない。**今なら、もっとひとりひとりと向き合い、相手のことを考えた丁寧なアプローチが可能だからだ。**

振り返ってみれば、正直に恥ずかしいと思えるマーケティング事例はたくさんある。たとえばユニリーバ時代、「街を黄色に染めよう」というキャンペーンを打ち出したことがある。〈リプトン〉のブランドカラーである黄色を使って、テレビＣＭでも、車内広告でも、駅の柱巻き広告でも、あらゆるところを黄色で染めていった。これによって、たしかに認知も売上も上がったけれど、顧客と関係性を作るまでには至らなかったと思う。だから、今ならやらないし、やりたくない。

「個」を見れば会社が変わる

もし今、僕がユニリーバで〈リプトン〉のマーケティングを考えるとしたら、マスなんて狙わずに、本当に紅茶と向き合っている人だけに届ける戦略に変えるだろう。

たとえば、紅茶好きのコミュニティに入っていって、そこで〈リプトン〉の良さを伝える。それによって、ブランドの熱量が伝播する。リアルな接点を持って、紅茶への熱量が高い人と接触し、説得していったほうが、確実なマーケットシェアを取れる感触が得られるし、本当に飲んでほしい人に届けられる。

マスではなく、本当に熱量のある人だけに届ける。ということは、言い換えると「何でもいいから飲みたい」という人には売らない戦略だ。そうすると、これまでみたいにすべてのスーパーとコンビニに置くのではなく、紅茶好きだけが集まるこだわりのセレクトショップにだけ展開するなど、あらゆる面を変革する発想も出てくる。もしかすると、社員の数もそんなにいらないかもしれない。社員の数が減れば、当然オフィスだって狭くていい……というように、あらゆるものへの考え方が変わり、組織としてのあり方も変わってしまうかもしれない。でも、それでいいと思う。

時代に即したマーケティングをするということは、今の時代に合ったビジネスに転換するということだし、うまく実現するには、それにふさわしい会社へと変貌を遂げる必要があるだろう。

念のため言っておくと、ユニリーバが小さくなればいいという話ではない。そうではなくて、**マーケティングの対象を「個」に切り替えることで、ここまで大きな変革を呼ぶ可能性があるということ**。そして、現在の多くのビジネスでは、それが必要とされているということでもある。自分にとって必要な人を見極め、その人たちを大切にする、ということは基本的に間違っていない。

会って話そう――究極のD2C活動

「個」に向けたマーケティングにシフトする必要があるとして、じゃあ、具体的にどうすれば個人に近づけるだろうか。繰り返しになるけれど、その答えこそ「現場」だ。もちろん、デジタルで個人とつながることもできる。でも、いちばん大事なのはリアルな接点を持つこと。日本ならなおさらそうだ。

デジタルシフト改革を行ったロレアルでも、ECを導入しながらも、実店舗での顧客とのリアルな接点を最も重要視していた。なぜかと言えば、店舗にいるということは、あの商品がほしいとか、気になっている商品がある可能性がかなり高い。ならば、その顧客に丁寧な接客をしたほうが、ウェブ上の見えない顧客を相手にするよりも確度が高い。

実店舗は、顧客の購買意欲が確実に高くなっている場所であり、熱量が最も高い場所だ。**人が行動を起こして、熱量がピークに達しているところこそ、マーケティングで重視すべきポイントだろう。**

熱量が高いのは常に現場だ。リアルの接点がない場合でも、サイトやアプリに顧客が来ているその瞬間、その「現場」を捉えることで、熱量の高い顧客にアプローチできる。

今、売り場にいる顧客、今、目の前にいる顧客を丁寧に扱うほうが、商売として確実だし、早い。高い広告費をかけて必死に広告を打ち、なんとか顧客を売り場に連れて来させようとするマスマーケティングがいかに的外れか、わかってもらえるんじゃないだろうか。


マーケターである僕が言うのもナンだけど、実際のところ、現場で得られる情報に比べれば、マーケティングデータなんてさほど重要じゃない。アルゴリズムを駆使して潜在的ニーズやらインサイトやらを探っても、現場には敵わない。

いくらCRMデータを漁ったところで、その顧客が来月も買ってくれるかどうかなんてわからない。知りたければ、直接「来月も買いますか？」と聞けばいい。買わないと言われたら、その理由を聞けばいい。

あるいは、「20代女性はこの口紅を買うかどうか」をデータ上で分析しても、それがどれくらいアテになるだろう。20代女性の行動や嗜好の傾向がわかったからといって、その口紅を買ってくれるかどうかはわからない。そもそも人がモノを買うのは、ただ「そういう傾向にあるから」ではない。

大して意味のないマーケティングデータの海に溺れるくらいなら、実際にターゲットとなる顧客と話したほうが早いし、本音を聞き出すためのテクニックを養ったほうが絶対にいい。

そういう意味で、これからのマーケターに必要とされるのは、人と話すスキルかもしれない。といっても難しいことではなく、ちゃんと会話ができて、相手が話しやすい空気を作れれば、それでいい。マーケターは、過去のデータを見てマーケティングするよりも、現場に行って、そこで顧客と会話し、関係性を築く術を磨くことが求められる時代が、すでに来ている。

顧客と会って、直接話そう。これぞ究極のＤ２Ｃ（Direct to Consumer）だ。

顧客と直接つながる接点をフルに活用しよう。どんな顧客がいるかも知らないでメルマガや広告を垂れ流しても意味がないことに気づこう。長ったらしいセールスレターを書くくらいなら、一言「ほしい？」と聞いたほうが早い。

真に伝えたいメッセージを届けるには、個々にアプローチを変え、個々にコンバージョンしていくビジネスにシフトしていかなくてはいけない。それに、誰だって対面で直接聞いてもらったほうがうれしいでしょ？

カスタマージャーニーの盲点

マーケティングデータを分析して仮説を立てる方法のひとつに「カスタマージャーニー」がある。顧客がどのようにして情報に触れ、それを得て、調べ、評価し、どこで購入し、またシェアするか……そうした一連の行動データを分析する方法で、つまりは「顧客の旅」。顧客との接点がどこにあるかを把握し、今後の戦略に役立てるために、マーケターがよく使う手段のひとつだ。

これまで、多くのマーケターはひたすら顧客のデータを集め、購買履歴や行動履歴を分析してはカスタマージャーニーを描いてきた。「Aさんは昨日こんな商品をオンラインで買って、ツイッターにこんな投稿をして、有名人の写真に『いいね！』をしている。だから、このタイミングで商品を提案すれば売れるのではないか？」と。

ただし、このやり方には決定的な落とし穴がある。事前リサーチをかけ、ABテストをして、データを集めて分析し、より反応のいいポイントで接触して……と、いくら時間と手間をかけても、そこから得られるのは所詮「過去」を表すデータ。カスタマージャーニーとは、すべてが過去の痕跡で、「今」の情報はどこにもない。

カスタマージャーニーにかぎらず、マーケターが見ているデータは、それがどんなに詳細なデータだったとしても、過去の情報に過ぎない。今、その人が何を考え、何をほしいと思っているかはわからない。

過去のデータだけを見て、顧客をわかった気になるのは最大のリスクだ。

でも、実際にはそんなマーケターは多い。自分はそうではないと思うかもしれないけれど、現場で顧客との接点を持っていないなら、真に顧客を理解しているとは言えない。その証拠に、いくら顧客情報を持っていても、その人が今、何がほしいかなんてわからないだろう。

過去のデータばかりを追って、それをもとにアプローチしても、顧客にウザがられるのが関の山だ。それは、元カノと付き合っていた過去の話を、いつまでも持ち出されるようなもの。「以前こんなものを買いましたよね。再度いかがですか」とか「過去の購入履歴からのおすすめ」とか、嫌な過去を思い出させている可能性は大いにある。

過去なんて見ても意味がない。それより大事なのは「今」だ。データは、ただ事実として捉えるためにのみ活用できる。そこから仮説を立てることまでしてはいけない。

例をあげると、しょっちゅうカレーの写真を投稿している人に「よくカレーを食べていますね。カレーが好きなんですか?」と聞くのはOKだけど、「カレーが好きなら、今から食べに行きましょう」と誘うのはNGということ。データが教えてくれるのは、カレーの写真をよく投稿しているという事実だけ。でも、好きかどうかはわからないし、ましてや今から食べたいかどうかなんてまったく見当もつかない。

僕自身も多くのオンラインサービスを利用しているけれど、今まさに僕がほしいものをレコメンドしてくれたサービスなんて、お目にかかったことがない。

顧客は今、現場にいる

今、店舗に足を踏み入れた顧客、今、サイトのURLをクリックした顧客のことは、データからは何もわからない。だから、いくら膨大な量のデータを分析したところで、今の現場との間には必ずギャップが生じる。

じゃあ、どうすればいいのかと言えば、やっぱり答えは超シンプル。今、店に入ってきた人に「何がほしいですか？」と聞けばいい。ウェブサイトなら、トップページで「今ほしいもの」を入力してもらうようにしてもいい。そして丁寧に対応し、顧客が望む商品をちゃんと提示すればいい。そのほうが圧倒的に早いし、顧客の要望に対して確実な対応ができる。

店舗やサイトじゃなくても、直接会ったり、電話やメールで聞いたりすることはできる。だからこそ、これからはデータを調べるよりも、顧客に連絡できる関係性をまず作ることのほうが大切で、そういった個人情報を持っていることが価値になるだろう。

ちなみに、僕個人としては電話がそんなに好きじゃないから、どちらかというとテキストでやりとりするほうがいい。でも、本当に何か話したいと思ったら（たとえばフェイスブックで気になる投稿があったら）、「今からその話を聞きに行きたいんですが」と連絡して、聞きに行く。連絡できる手段と関係性さえあれば、相手が顧客でも、このやり方は可能だ。

商品に興味を持つかどうか、好きになってくれるかどうか、買ってくれるかどうか。マーケターは様々なデータからそれらを予測しようとするけれど、実際には、あらゆる要素がありすぎて予測することなんて不可能に近い。どんなに豊富なデータを持っているマーケターでも、「顧客の今」を知ることなどできない。

たとえば、マーケターの考えたカスタマージャーニーどおりに、顧客が店（サイト）の前まで来て、中に入ろうとした瞬間、上司から嫌なメールが来て入るのをやめてしまった……なんてことはザラにあるだろう（自分自身を振り返ってみればわかるはずだ）。

ＦとＬの２つのコンビニがあって、Ｆコンビニに入った人に「なぜそっちに入ったのか？」と聞いても、「たまたまドアが開いていたから」とか「なんとなく」とか「照明が明るかったから」とか、そんな理由でしか選んでいないなんてことも、実際たくさんあると思う。でも、そういう現実を知ることが、現場を理解するということでもある。

現場では、データでは測れない様々な要素が邪魔をする。と同時に、データには現れることのない要素が購入を後押ししているかもしれない。現場での顧客の行動は、マーケターには見えないところでコロコロと変わっている。実際、そのときの気分だけで判断していることも多い。それが人間っていうものでしょ。

だからこれからは「顧客ファースト」の中でも、さらに「現場にいる顧客ファースト」にならなければいけない。何度も言うけれど、重視すべきは「現場」。今まさに現場にいる顧客を大切にし、その声を聞く。そして、現場で得られたデータをウェブサイトのＵＩ／ＵＸ

に取り入れて活用すれば、さらに顧客に近づくことができる。

「現場主義」をもっとシンプルに考えてほしい。道ゆく人に「今、お腹空いていますか？」と聞いて、「空いている」と答えた人に何か美味しい食べ物を提供すれば、それがビジネスになる。「喉が渇いている」と言われたら飲み物を提供する。これこそ、本当に顧客を理解したウィン・ウィンのビジネスだと思うのだけど、どうだろう？

未来のこと、新しいことを知るには、過去よりも今を見なくてはいけない。今を知っていれば価値を作れるけれど、「過去に何がほしかったですか？」と聞いても意味がない。

日本人は歴史や過去を大事にする傾向にあるけれど、過去にこだわりすぎると命取りになる。**未来を作るマーケターは、過去ではなく、今を見よう。**今、あなたは何がほしいだろう？　それを満たしてくれるサービスや企業は、目の前にいるだろうか？

広告はもういらない？

今、広告のあり方にも変化が起きている。

そもそも広告の役割とは何だろうか？　かつてのマスマーケティングの時代には、広告は企業・ブランドが顧客にメッセージを伝える手段だった。食品メーカーは「これ、美味しいですよ」というメッセージを届けるために広告を出していた。

今の時代の広告でも、もちろん「美味しいですよ」というメッセージを届けてもいいけれど、もっと重要なのは、その広告によって個人と関係性を作ることだと僕は考えている。つまり、コミュニケーション手段としての広告だ。

その広告に何人が興味を持ち、実際に何人が行動を起こしたかだけでなく、さらにそこからどれだけの関係を作れるかが重要な指標となる。そう考えると、単に「美味しいですよ」と伝えるだけでは十分ではないとわかる。

これからは、広告をきっかけとして個人との関係性を作るために、動線を工夫して個人情報を取れるようにしたり、そもそも広告を興味のある人にしか出さないようにしたり、といった対応が必要になる。**いかに熱量の高い個人とつながるか、という点にこそクリエイティビティは発揮されるべきだ。**

きちんと個人に届けられれば、熱量が高いか低いかを把握することができる。そうすれば、次のアプローチは熱量の高い人だけに絞ることも可能になる。そういう意味で、広告は熱量の高い人を見つけるための手段でもある。人間関係と一緒で、熱量の高いところで関係性を作ったほうがうまくいく。

だから広告を、一方的にメッセージを送るだけの手段にしてはまったく意味がない。それは、絶対フラれるタイプのコミュニケーションだ。何万人に表示されたから成功という時代は終わった。これからの広告は、熱量が高い者同士の、双方向のコミュニケーションを目指そう。

広告とは、もはやメッセージを伝える手段ではなく、企業が個を知るきっかけ、個が商品・ブランド・企業を知るきっかけとなる。

さらに言えば、個を知るための手段として、広告よりも別の方法がいいとわかったら、もはや広告は必要なくなるだろう。大事なのは、いかに個人と関係性が作れるか。自分たちが望む顧客像が明確になって、その人数もわかったら、もはや広告なんていらないじゃん、と気づく日が来るかもしれない。

いや、本当はもう気づいているはず。僕が携わっているアパレルブランドでも、SNSライブやファンとのインタラクティブなコミュニケーションをもっと進めるように推奨している。そのほうが顧客を大切にできて、その結果、もっと売れて、愛されるようになるからだ。この感覚、実はみんなわかっているんじゃないかな。

広告がファン離れになる

そうは言っても、多くのビジネスでは、まだまだ広告が必要だろう。ただ、今後はよりターゲットを絞ったほうが絶対にいい。全国民に知ってもらう必要はないし、ほとんどの場合、何万人にもリーチする必要はない。まったくターゲット層ではない人や明らかに興味がない人にまで広告を出しても意味がない。

それに、すでにファンになっている顧客からすれば、しつこい広告はかえって疎ましく思われることもある。だからこそ、顧客を知ることが大切だし、広告の形態や出し方、頻度など、何が最適かをひとりひとりに合わせていく必要がある。そうしたことが十分に可能な時代になっているのだから。

広告で大失敗したファッションブランドがある。ものすごく大量のオンライン広告を打って、広く認知を高めたその広告は、広告界の権威であるカンヌライオンズで賞も獲って大きな話題になった。でも今、そのブランドの服を着ている人は、ほとんど見かけなくなった。実際、売上も下がっている。

これは、マス広告によって、あたかも若者全員に自ブランドの服を着せようとしたことが要因だ。ファンを集めたように見えただけで、実はまったく顧客に届いていなかった。それどころか、もとの顧客まで去ってしまった。まさにマスマーケティングの弊害。

全員に届けようとすると、むしろ誰からも注目されないということをよく表している。

顧客を知らなかったこと、知ろうともしなかったことが、この失敗の根底にある。世の中の全員に売ろうとしてマスマーケティングをし、むやみやたらにマス広告を打つような手法は、もう通用しない。ただ情報をバラまいて終わりだし、適切な人、つまり顧客になってほしい人にはリーチしにくく、効率が悪い。

じゃあ、どうやって商品やサービスを知ってもらえばいいのかと言えば……そう、答えはもちろん「現場」。足を使ってリアルでの接点を持ち、直に会って話す。オンラインでも、自社の商品・サービスに近い熱量を持っているコミュニティを見つけ、入っていく。そこで自ら伝えることが、どんな広告よりも熱量が伝えやすく、結果につながる。

だから、広告費を使うよりも、もっと人に会うためにお金を使ったほうがいい。同じ50万円を使うなら、無駄打ちに終わる広告をただバラまくよりも、誰かと会ったり、食事をしながらブランドについて語る時間を作ったりしたほうが、確実に熱量が伝わりやすい。やっぱり、接待費や交通費をたくさん使える会社のほうが伸びると僕は思っている。もちろん、アフターコロナのビジネスでもそう。

広告なしでファンがつく

東京都多摩市にある室内型のコミュニケーションパーク「サンリオピューロランド」。言わずと知れた、ハローキティや他の人気サンリオキャラクターたちに会ったり、乗り物やショーを楽しめたりする施設だ。実は僕は、社長の小巻亜矢さんと仲良くさせていただいていて、ビジネスでもいろいろとサポートをさせてもらったことがある。

長瀬がキティちゃん？　と思うかもしれないけれど、前にも書いたように、個人的に好きかどうかではなくて、この仕事に熱量を持てたから引き受けたということ。具体的には、まさに「現場」を見ることができるのだから、現場主義の僕としては見逃せない。だから、実は自宅はサンリオグッズだらけ……なんてことじゃないので誤解しないでほしい。

さて、実はサンリオピューロランドは、いわゆるマスの広告をほとんど出していなかった。それでも、２０１８年の入場者数は２００万人を超え、年間パスポート利用者もどんどん増えている。今では、子供たちだけでなく、大人や外国人客にも人気のスポットだ。

そんなサンリオピューロランドでは、ハロウィンの時期にクラブＤＪを呼んだイベントをやっている。そこではサンリオのキャラクターたちと一緒に著名なアーティストも登場し、ライブやダンスで大いに盛り上がる。しかもこのイベント、オールナイトだ。

可愛らしいキャラクターたちとクラブというギャップには意外性があるし、そこにアーティストも絡んでいるとなれば、話題になるのは確実だけれど、このイベントもあえて目立った広告は出していない。それでも毎年、チケット発売後すぐに完売になるほどの人気の秘密は、現場を持っていることの強みを存分に活かして、しっかりとファンとつながっていることにある。

サンリオピューロランドにやってくる人というのは、そもそもピューロランドのファンである可能性が非常に高い。たまたま通りかかったので入ってみました……なんて人はそういない。サンリオキャラクターが好きで、ピューロランドにも何度も来たことがある人が圧倒的に多い。

だから、イベントの告知をしたいなら、スタッフが来場者に「今度ハロウィンイベントがあるんです」と声をかけて、詳しい情報はホームページに載せておけば、それで十分なのだ。来場者のほとんどは熱量が高く、SNSでつながっているファン同士も多いので、たったこれだけのアプローチでも、大切なファンには確実に届けられる。

それに、大々的な広告を打つことで、サンリオやピューロランドには興味がないけれど、イベントには興味がある、あるいは単に話題だから行ってみたい、といった熱量の低い人ばかりが殺到して、熱量の高い人がチケットを買えなくなることだけは避けたい、という思いもある。**今、現場にいるファンを大切にすることを優先させた結果として、広告を出さない、という戦略もあり得るということだ。**

こうした企業の姿勢は、新しくやってきた顧客にも間違いなく伝わっている。そして、それが顧客の熱量を育てることにつながり、顧客からファンになってくれる土壌を育むことになる。広告がなくてもファンは獲得できるのだ。

サンリオピューロランドは、僕にとっても、現場を生で見ることができる貴重な経験になっている。ここでは、現場が商品。実際に間近で顧客を観察していると、あれは必要ないとか、もっとこんなサービスが必要だ、といったことが次々と見えてくる。

データだけを見ていてもわかり得ないことが、現場に行けば手に取るようにわかる。

顧客との接点が確保されているビジネスは、やっぱり強い。

日本人にアルゴリズムが通用しない理由

ここまで「個」を見るマーケティングの重要性を説明してきたけれど、今のご時世、個人を知りたいなら別に直接会わなくても、それこそフェイスブックを見ればいいじゃないか、と思っているかもしれない。ところが、まさにそこに大きな落とし穴が待ち受けている。

あなたがフェイスブックで誰かの投稿に「いいね！」をすると、それをもとにアルゴリズムがあなたに合わせたタイムラインにしてくれる。あなたの好みや関心を分析し、それに見合う投稿がより多く表示される仕組みだ。しょっちゅう「いいね！」をする人の投稿はたくさん表示したり、そうでもない人の投稿は減らしたり。

このアルゴリズムを活用して広告を表示させるのが、現在ＳＮＳ上で行われているマーケティングだ。そこで何回表示されたとか、「いいね！」をいくつ獲得できたとか、リーチした人数とかエンゲージメント数とか、そういう数値を上げることにマーケターは必死になっている。

でも、ちょっと思い出してみてほしい。あなたが普段、フェイスブックで「いいね！」をするときのことを。それは、本当に心から「いいね」と思っての「いいね！」だっただろうか？

もちろん、そういう「いいね！」もあるだろう。けれど、「この人、いつも自分に『いいね！』してくれるから」とか「全然興味ないけど、上司の投稿には『いいね！』しておかなきゃ」とか、あるいは単に「みんなが『いいね！』しているから、つい」という理由で押していることもあるはずだ。というより、むしろそういう「いいね！」のほうが多いんじゃないだろうか。なかには「友達の投稿には全部『いいね！』することにしている」という人すらいる。

要するに、これらの「いいね！」は、その人の本心が反映されたものじゃないということ。だから、そこに向けて広告を出しても意味がないのだ。

じゃあ、アルゴリズムなんて意味がないじゃないか、と思ったあなた。そう、そのとおり。ただ、これは日本人特有の性質のせいだと僕は考えている。

日本人には義理人情という目に見えない社会的ルールがあって、誰もがその中で生きている。だから、「義理いいね！」や「社交辞令いいね！」「お世辞いいね！」「一応いいね！」といった「エセいいね！」が至るところで乱発されている。

しかも、これは個人同士の場合だけじゃなくて、相手が企業やブランドでも同じ。その証拠に、企業やブランドなどが作っているフェイスブックページの投稿に対して、「いいね！」はたくさん集まるものの、実際にサイトを訪問したり、そこから購入したりする確率は非常に低い。これを読んでいるあなたにも心当たりがあるはず。

こうした日本人の行動は、アルゴリズムを大いに悩ませる……というか、そもそもアルゴリズムが働かない。いつもフェラーリに「いいね！」している人が、いきなりトヨタにも「いいね！」しているのを見て、たぶんＡＩも困惑していることだろう。

それなら海外はどうなのかと言えば、まったく様子が違う。たとえば、アメリカ人がフェイスブックを使う大きな目的のひとつは「自分と同じ趣味の人を探すため」。だから、見ず知らずであっても同じ熱量を感じる人とは友達になるし（そもそも、それが目的なのだ）、投稿やリアクションも能動的かつオープンだ。他人の投稿を見たり反応したりするのがメインの日本人とは、かなり対照的。

アメリカや中国でSNSが流行るのは、国土が広くて不便だからという理由もあるけれど、そこには国民性も関係している。彼らはもともとオンラインでもたくさんしゃべるし、自分の熱量をさらけ出すことに躊躇がない。SNS上でも、好きなものは好き、嫌いなものは嫌いとはっきり表明する。

少し前に、フェイスブックのリアクションに、「いいね！」に加えて「うけるね」「すごいね」「悲しいね」「ひどいね」「超いいね！」という5つが新たに追加されたけれど、これは、彼らの豊かなリアクションを表現するための仕様変更だった。

日本ではあまり使われていないようで、事実、新しく追加されたときに「これって必要？」と思った人も多いんじゃないだろうか。「ひどいね」なんて使う人いるんだろうか、と。でも、実際に海外（日本以外）では普通に使われていて、それによって誰もがシンプルに感情を表現している。

日本で「子供が生まれました」と写真を投稿すれば、「いいね！」「超いいね！」の嵐だけど、アメリカではそれに「ひどいね」（英語版だと「Angry」）というリアクションを返す人もいる。何があったのかは知らないけれど、とにかく気に入らなかったんだろう。

このように普段から素直に感情表現してくれれば、ＡＩにとって非常にわかりやすく、アルゴリズムもより力を発揮する。

それに対して日本人は、そもそも本心が見えにくい。本心を隠すのが国民性だと言ってもいい。ましてＳＮＳ上で、友達にしか公開していないとはいえ、他にもいろいろな人の目があるところで本音をさらけだすなんて……。

ＳＮＳのアルゴリズムは、そんな日本人のことを考慮して作られてはいないだろう。そもそもオープンで率直なアメリカ人が作ったアルゴリズムだ。本心を出すことが少ない日本人に、それをもとにしたマーケティングをすることが、いかに心許ないことかわかってもらえただろうか。

でもこれは、普段自分のタイムラインに流れてくる投稿や広告を見て感じているはず。まったく興味も関係もないものばかりでしょ？　あなたが出した広告も、そう思われている可能性は高い。

アルゴリズムを超えていけ

僕たちは、なかなか本音を漏らさない日本人。だから、やっぱり直接会って話してみないと何もわからない。僕の現場主義も、日本人に向けたマーケティングに必要な考え方だと言える。

ただ、今だから言えることだけど、僕はそもそもフェイスブックやインスタグラムのアルゴリズムがあまり好きではない。愛しているがゆえに、腑に落ちないところも理解しているつもり。

たとえばインスタグラムで、僕が金髪女性に「いいね！」をすると、僕のフィードには金髪女性ばかりが出てくるようになる。でも、1秒ごとに考えや気持ちが変わるのが人間だ。そのときはたまたま金髪女性の写真に惹かれたかもしれないけれど、実は黒髪が好みかもしれない。結局、アルゴリズムで人の真意はわからない。

「いいね！」をしたものと実際の好みは全然違う、ということはごく普通にある。それは日本人だけじゃなく、どんな国民性にだってあるはずだ。ついさっき言ったことと今の意見が違うなんてことも当たり前だし、それが人間というもの。「いいね！」を押す一瞬の好みや関心なんて、ちょっとした刺激でどんどん移り変わっていく。

それを考えると、SNS上でのほんのわずかなアクションに対してマーケティングを仕掛けるという、そのアルゴリズム自体に違和感を覚えてしまう。パーソナライズと見せかけたターゲティングをしているようでいて、実のところ、それはマスマーケティングと大して変わらないんじゃないか、と。

もっと言うと、この世の中にはびこっているアルゴリズムは世の中を良くしていない、と僕は考えている。

人々が、もっと知見を深めよう、もっと視野を広げようとして、SNSでつながり合っているというのに、アルゴリズムは「あなたはラーメンが好きでしょ」と言わんばかりにラーメンばかりを見せる。たしかにラーメンは好きだけど、見ている世界がラーメンだけなんて最悪だ。アルゴリズムに任せていたら、世界はどんどん狭くなってしまう。

そうではなくて、「ラーメンも好きかもしれないけど、たまにはフレンチも食べなよ」と提案するのが、健全な世界のあり方なんじゃないだろうか。世界は広い、他にもいっぱい素晴らしいものがあるんだよと教えてくれる、そんな世界であるべきだ。

けれど、エンゲージメントの高い情報ばかりを表示させたほうがクリック率が上がり、SNS企業や広告主にはお金になる。そもそも、そういうビジネスモデルで成り立っているわけだから、このアルゴリズムが変わることはないだろう。

だからこそ、アルゴリズムが通用しない僕たち日本人から、アルゴリズムに左右されないマーケティングに切り替えていこうじゃないか。

僕は真剣にそう思っている。

第 5 章

マーケターよ、熱くなれ

デジタルシフト、現場主義、熱量、マスマーケティングの限界……と、ここまで僕が現代のデジタルマーケティングにおいて重要だと考えていることについて、あれこれ書いてきた。すでにピンと来て、早く動きたいと思っている人もいるかもしれないし、まだ何をすればいいかが見えてこない人もいるだろう。

もちろん、もう動ける人はどんどん動いてほしい。足を使って現場に行き、そこに満ちる熱量を感じ取ってほしい。でも、もう少しヒントがほしい人もいるだろうから、この章では、これからのマーケターがやるべきことを具体的に紹介しようと思う。

ビジネスの形態や取り扱う商品・サービスによって、できることとできないこと、必要なことそうでないことは違うだろう。だから、各自のビジネスに置き換えて、できるところから取り入れてみてほしい。

熱はあるんか？

まず、何よりも最初にすべきこと、それは商品やサービス、あるいは企業・ブランド、つまり発信者側の熱量を高めることだ。

何かを広めようとするなら、熱源となるそれ自体の熱量を極限まで高めなければいけない。

あなたが扱う商品・サービスには、人を惹きつけるだけの特性・魅力があるだろうか。絶対にそれを世の人に知らしめたい、ひとりでも多くの人に使ってもらいたい、と思えるようなものになっているだろうか。また、あなたの企業・ブランドはどうだろう？

もちろん、それに携わる人間の熱量が高いことも不可欠な要素となる。メッセージを発する側の熱量が低い商品なんて、そんなものは誰にも届かないし、そもそもマーケティングとして成り立たない。

たとえばブランドショップや企業のショールームなどに行って、そこにいる店員や営業マンに何か質問をしたとき、相手がまったく答えられなかったら、あなたはどう思うだろう？　商品について質問があってカスタマーサービスに電話したのに、何の知識も情報も持っていない人に対応されたら？

店員や社員の思い入れのなさ、熱量の低さは、間違いなく顧客に伝わり、顧客の熱を冷ましてしまうことにもなりかねない。

でも反対に、ものすごい熱量で説明してくれたらどうだろう。商品への愛を感じるし、ガンガン熱も伝わってくる。それがフロントの店員だけじゃなく、顧客対応部門や管理部門、マーケティングや広報の部門、それに経営陣まで、携わるすべての人の熱量が高ければ、より高い熱を顧客に伝えられる。

僕がインスタグラムを日本に広めるためにやったことを前に紹介したけれど、実のところ、なぜそれがうまく軌道に乗ったのかと言えば、僕自身の「インスタグラムを日本に広めたい」という熱量が高かったのはもちろんのこと、ともに働いたチームのメンバーたち、創業者やエンジニアたち、それに、インスタグラムが大好きな人たちのコミュニティや広告主といった外部の人たちまでもが、高い熱量をそのままユーザーに伝えていたからだ。

エンジニアたちと直接話をして、彼らのこだわりを理解し、それをうまく咀嚼しながらも熱量を保ったままで発信する（しかも、確実に熱量の高いほうから順に狙って）。それを意識的に実行したことで、僕の熱量だけでなく、インスタグラムというアプリの熱量、企業の熱量が届き、やがて広がっていったのだと思う。

だから、まずは自らの熱量を高めることが最優先課題だけれど、その熱をできるだけ下げない方法で伝播していくことも重要だ。そうすれば、広がった先々で、さらなるインフルエンスを引き起こすことにつながる。

商品・ブランドの熱量を高め、それを伝える人たちの熱量を高め、そこを起点にして熱量を波及させていく。それを意識するために、いつも自分にこう問いかけよう――**「そこに熱はあるんか？」**と。イエスと言えないなら、すぐにでも見直しが必要だ。

人間関係を作れ

人に何かを売るなら、人間関係を構築してから。個人がつながる今の時代では、この基本姿勢がより重要になる。

あなたも初めて会った人にいきなり商品を売り込まれたり、何かメッセージを伝えられたりしても、ちっとも響かないはず。でも、その前に何度か会って交流がある人から、「こんないい商品があるんだけど」と言われたら、少しは関心を示すだろう。だからこそ、まずは顧客とのエンゲージメントを高め、人間関係を作るのが先決。デジタルもアナログも関係なく、当たり前のことだ。

人間関係を作るために、どんなメッセージを、どの程度、発信すればいいか。それを設計するのもマーケターの役割。少しずつ顧客との接点を増やし、コミュニケーションを取りながら、商品・ブランドのことを知ってもらい、同時に、顧客のことも知っていく。

これからは個人と向き合うマーケティング。つまり、顧客ひとりひとりに合わせた対応が必要になる。たしかに時間はかかるけれど、そのほうが長くファンでいてくれる確率が上がり、結果として大きな利益につながる（つまり、LTVが上がる）。長い目で見れば、一瞬で終わる関係よりも、末永く続く関係のほうが価値があるということ。

そのため場合によっては、一度買ったら終わりではなく、その後も関係を継続できるようなビジネスモデルに転換していく必要もあるだろう。

熱量でつながれ

今、企業は様々なマーケティングを実施して、個人に近づこう、個人とつながろうとしている。「30代女性」「最近ウェディング関連のサイトをよく見ている」「料理アプリも活用」「昨日、彼氏に作った料理をインスタグラムに投稿」。

こうしたデータをかき集めることに、企業は躍起になっている。あらゆる情報をつなぎ合わせて、個人を浮かび上がらせようとしているわけだ。

どうやって「個」に近づいていくか

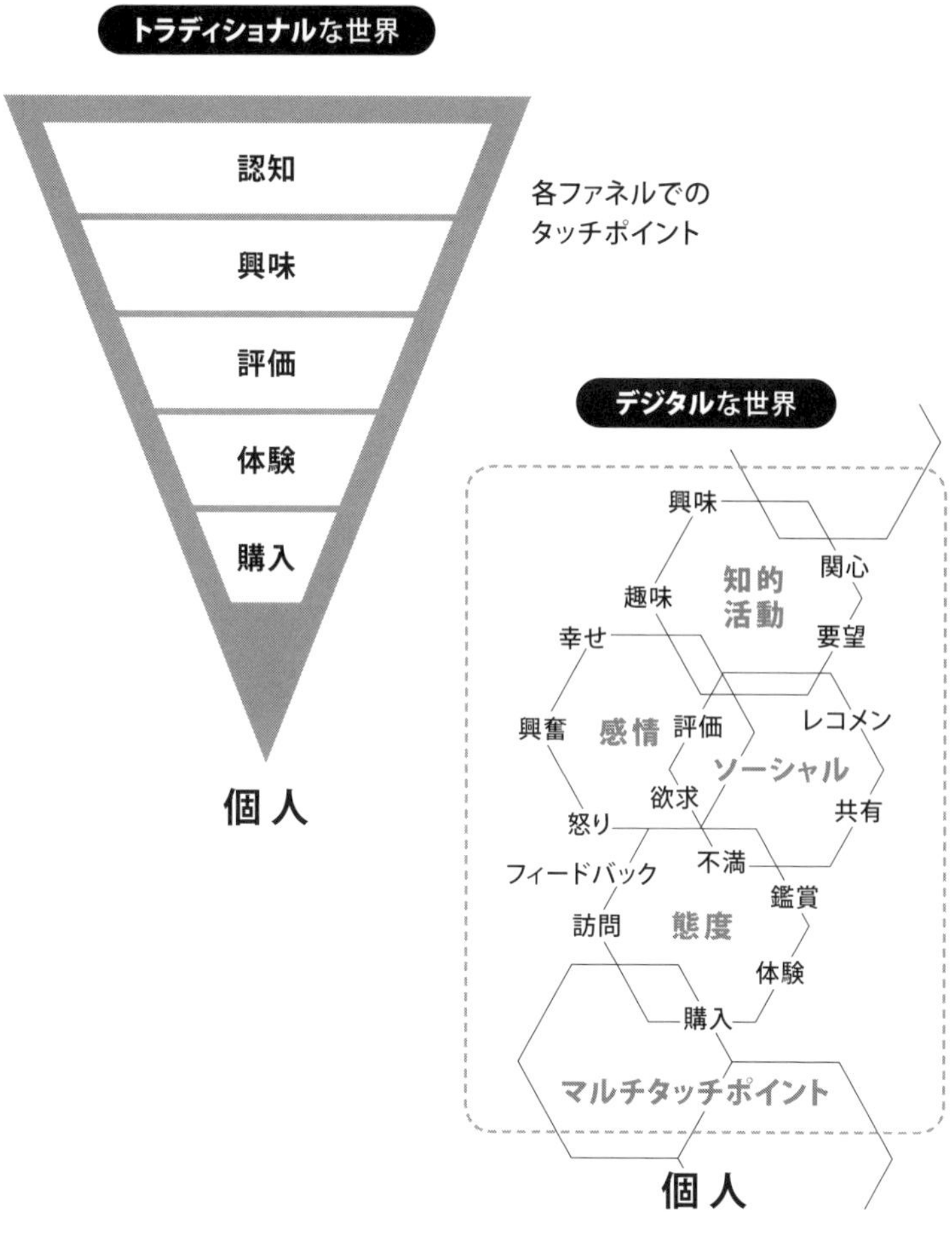

でも、こんなことをして本当に個人とつながれるだろうか。たしかに、それらのデータはすべて事実。だから、ここから様々な推測をすることはできるだろう。けれど、それでつながれるかどうかは怪しいし、ターゲットに商品を売ろうとしても、本当に売れるかどうかはわからない。

たとえ、このターゲットがこれまでに購入した飲料のデータから、よく紅茶を飲んでいるという分析結果が出ていたとしても、今、紅茶を買うかどうかはわからない。情報を集めて個人のことをわかったつもりになっても、いざつながろうとすると、持っているデータは役に立たないことが多い。

では、人はどんなときにつながるだろう？　あなた自身、どんなときに人とつながった経験があるだろうか。それはたとえば、趣味が同じだったとか、出身地が同じだったとか、同じ経験をしたことがあるといった共通項がきっかけだったんじゃないだろうか。

何かしら共通項があると人は簡単につながりやすい。もしかすると浅いつながりかもしれないけれど、とにかくつながることはできる。

だから、共通項をうまく見つけることで、企業も個人とつながることができるようになる。

ただし言うまでもなく、共通していれば何でもいいわけじゃない。そこに熱量があるかどうか、それが重要。ここでは熱量の高さは問題じゃない。

互いに熱量のある共通項を探ること、それが顧客とつながる最初の一歩になる。

あなたの商品を買ってくれそうな人は、何が好きだろう？　どんなことに関心があり、どんな生活を送っているだろう？　ブランドならどの系統のブランドがお気に入りで、ＳＮＳではどんな人をフォローしているだろうか？　ここにデジタルを使う意味がある。

でも、共通項を探るには、そもそも商品・ブランドのことを理解していなければ始まらない。その商品は、どんな顧客を求めているのだろう？　そのブランドが避けたいのは、どんな顧客だろう？　どんな熱量を持った人に集まってほしいだろうか？

多くの企業は、デジタルツールを一方向の手段として使っている。ターゲットとなりそうなところに向けて、一方的にセールやクーポンの案内を送りつける。でも共通項があれば、双方向の関係性を築ける。熱量を見極め、熱量でつながろう。

ブランドになれ

顧客に熱量を伝えたいとき、最も効果的な戦略はブランドを作ることだと僕は考えている。ブランドは、何よりも熱量によって人を惹きつけ、それが顧客の心を捕らえて離さない。では、その熱量は一体どこから生まれるのだろうか？　それはストーリーだ。その商品について語るべき何か、会社について語るべき何かがあれば、ブランドになる。カッコいいロゴとか、テレビで話題になったとか、あるいは長い歴史とか、そういうものがブランドを作るわけじゃない。

ただし、歴史があればブランドになりやすい。なぜなら、そこにはたくさんのストーリーがあるはずだから。

でも、できたばかりの新しいビジネスでも、語るべきストーリーがあれば、ブランドとして人を惹きつけることができる。個人に向けてメッセージを発信する今のマーケティングでは、ストーリーがないと何も発信すべきことがないとすら言える。

ストーリーがあるということは、そこに熱量があるということ。もし「ストーリーなんてない」と思う人がいたら、熱量から考えてみよう。どこが素晴らしく、どこが他と違うのだろう？　顧客は何に惹かれてお金を払うのだろう？　それが熱量であり、その熱量はストーリーになる。そう、熱量があれば、ストーリーは必ず作れる。

ストーリーこそがブランドの価値であり、顧客はそのストーリーにお金を払う。

言い換えると、ストーリーとは、顧客にとっての「買う理由」で「ずっと付き合いたくなる理由」、それに「人に話したくなる理由」だ。つまりストーリーがあれば、広く熱量を伝えられるということ。

一見、何の変哲もない普通の民宿でも「全世界の高級ホテルに泊まった経験のある旅人をして『最もホスピタリティが素晴らしい』と絶賛させた宿」というストーリーがあれば、断然泊まってみたくなるし、気に入ったら誰かに教えたくなる。

僕は今、とあるイギリス発のカフェチェーンに注目している。そう、コスタ コーヒー(Costa Coffee)だ。少し前に、外資系の飲料メーカーが買収を行ったことで話題にもなったこのコーヒーブランドの成功の理由は、ストーリーがあり、それを普及するべく、熱量の高いスタッフが活躍しているからだ。

それまで、イギリスには美味しいコーヒーがほとんどなかった。そこで、創業者である2人の兄弟はイタリアから美味しいコーヒーを取り寄せ、たくさんの人に飲んでもらうためにオフィスに届けることにした。そこから、創業者の理念に共感したスタッフとともにデリバリーのシステムを構築することで、さらにファンを増やして、今では世界各国に4000以上の店舗を構える。イギリス国内ではスターバックスの2倍以上もあり、中国でもスターバックスに次いで2位と、その数を増やしている（2020年8月現在）。

あれ？　日本では見かけたことないな。そう思ったかもしれない。でもきっと、近いうちにみんなの前に現れることになると思う。ブランドの歴史とストーリーを聞けば熱量が高いことがわかるし、それをそのまま日本でも実現していけるだろうと僕は考えている。

「美味しいコーヒーを届ける」というコンセプト、創業者兄弟のDNAをそのまま広めたいとすると、そのためには何をすべきか、ぜひみんなも考えてほしい。店舗を構えればいいのだろうか？　それとも、オンラインでデリバリーサービスをしたほうが、創業者の夢を日本で叶えられるだろうか？　どうすれば様々な街で、より多くの人に届けられるのか。もちろん、ただコーヒーを届けるだけでなく、創業者たちの熱量を、彼らのストーリーとともに伝えることができなければいけない。

ストーリーを語れ

これからは、どんな商品・サービスでも、消耗品のようなものであっても、ブランド化できたものが生き残っていくだろう。マスクだってそう。地方の伝統織物の職人が、コロナによって生まれた穴を埋めるために、ひとつひとつ手作りした、というストーリーのあるものが人気を集める一方で、ストーリーのないマスクは「買う理由」が薄れていく。

どんな商品でも、本来そこにはストーリーがある。そのストーリーを価値として認識できれば、そこにはもうブランドが生まれている。

ただ残念なことに、日本人はストーリーを伝えるのが下手。これまでほとんど重要視されず、そういった教育もされていないことがその要因だろう。

日本には数多くの伝統工芸や伝統芸能が残っていて、熱量の高いものに溢れている。それなのに、ストーリーを伝える能力が低いせいで、熱量が高いわりになかなか伝播していない。日本の企業だって、本当に良いものをたくさん作っているけれど、ストーリーを伝えるのが上手くなかったり、そもそも伝えていなかったりするので、ブランドとしての熱量まで下がってしまう。もったいない。

ストーリーを伝えるには、まずストーリー自体をしっかりと作り上げること。強いストーリーがあれば、それに共感する人、その熱量に惹きつけられる人が必ずいる。その上で、コミュニケーション能力を磨く。現場で直接伝えるのもそうだし、広告やＳＮＳなど、あらゆる接点で顧客と関係性を築くためには、そのスキルが不可欠だ。

だから僕は、様々な企業やブランドに携わる中で、企業の価値を広めるために、企業としてのＳＮＳアカウントを作って、そこでストーリーを発信することをいつも提案している。企業としての強い理念は、伝えがいがあるからだ。

ただし、企業アカウントで数字を伸ばすのは、そう簡単なことではない。ブランドと違って、企業そのものに熱量を感じている人は少ないからだ。だから、成功させるには様々な要素も必要になるけれど、**コミュニケーションを大切にして、企業のストーリーを伝えていった先にこそ、コミュニティが生まれる。**

石ころを売れ

その一方で、別にストーリーなんてなくても、これまで十分に売上を伸ばしてきた、という企業・ブランドもあるだろう。たしかに、一時的なトレンドやブームといった、特にストーリーがないものでも広く好まれることは多かった。だからなかには、トレンドを掴みさえすれば生き残れる、と思っている人もいるかもしれない。

でも、それもすでに変わってきている。近年、いろいろなマニアやオタクが世の中的に認知されるようになり、むしろカッコいいとすら言われるようになった。それは多様性とかそういうことではなくて、しっかりとしたストーリーがあるところにスポットライトが当たるようになった、ということだ。

日本人は本来、マニアックなものが好きな人種だと思う。その上で今後、より「個」が大事になっていく世の中で、薄っぺらいトレンドを追いかける人間にはなりたくない、という意識が芽生え始めているんじゃないだろうか。

実際、僕も、本物を知っている人たちの発言力が高まっていると感じている。みんな、もっと本当の話が知りたい、本質を知りたいという思考に変わってきているのだ。そうなると、ランチ代を削ってでも本当に美味しい紅茶を飲む、といった発想も生まれるだろうし、それぞれが自分の熱量が高いところで、誰も知らない本物を探し始めるだろう。

その意味で、日本ではクラウドファンディングが活きてくると思う。知っている人も多いと思うけれど、クラウドファンディングは資金を集めたい人がインターネット上でプロジェクトを立ち上げ、それに賛同する人から資金を調達する仕組みだ。より多くの支援を集めるには、もちろん熱量が不可欠だし、それをストーリーとして語る必要がある。

クラウドファンディングのサイトには、実に様々なプロジェクトが並んでいる。だから、お金を出す側もよりシビアになる。そのプロジェクトは本当に高い熱量を持っているのか、それを見極める手がかりとなるのがストーリーだ。

こうしたファンディングプロジェクトは、日本人の本物思考を助長するに違いない。海外に比べれば金額は小さいけれど、その分、熱量の高いコミュニティを作り、高い熱量を保ったまま応援し続けてもらえる仕組みになると思っている。そんな考えも手伝って、僕自身もクラウドファンディングの会社と業務提携を結んだりしている。

これからのマーケターは、ストーリーテラーにならなければいけない。

よりクリエイティブな資質を身につけて、そのへんに落ちている石ころでも高く売れるようになれば、日本はもっと変わっていくと期待している。

日本酒を15万円で売ろう

熱量を伝えるにはストーリーを語るのがいちばんだけれど、常に顧客に対してストーリーを語れるとは限らない。だから、ストーリー以外のところでも熱量を伝える工夫が必要だ。

たとえば価格。人は、価格から商品・サービスについて推測することが多い。思ったよりも安ければ「その程度のものなのかな」と思うし、意外と高ければ「実はいい素材を使っているのかも」と思うこともある。だから本来、熱量をちゃんと伝えるためにも、良いものは高く売ったほうがいい。必要以上に価格を下げる必要なんてない。

多くの人は、価格が安いほうがより多くの人に手に取ってもらえるから、そのほうが売上も伸ばせる、と考えている。また日本人は、謙遜体質だからなのか、本来の価値よりも安い価格をつける傾向にある。でも、価値あるものにはそれにふさわしい価格をつけないと、その価値が伝わらない。せっかくの熱量が薄れてしまう。

価格を高くすることで、熱量を伝えられる。と同時に、それを購入する顧客もまた、その価格に対してお金を払うという熱量を発揮できる。

価格を下げることで熱量の低い人にも届いてしまうと、結果的に、商品やブランドの熱量が低くなる。それは、漆塗りの器を国民全員に届けようとして大量生産するようなものだ。熱量の低い人にまで届けるくらいなら、少数でもいいから熱量の高い人に対して確実に届けるほうが、高い熱量を維持できて、長く生き残れる。

僕は今、大阪の堂島麦酒醸造所の、イギリスで日本酒を作るプロジェクトに参画させてもらっているのだけれど、それは1本約15万円（1000ポンド）という超高級日本酒だ。

原料の米は、兵庫県産の山田錦と秋田酒こまちを使用して、水は、イギリスのフォーダムアビーという場所で取れる氷河期の地層から汲み上げた硬水を軟水化処理、麹や酵母は日本から輸入している。「DOJIMA（堂島）」「CAMBRIDGE（懸橋）」という2種類があって、どちらも1本15万円。

いくら日本酒が世界でブームになりつつあるとはいえ、こんな価格で買う人がいるのか、と思うかもしれない。でもこれは、ブランドの価値を高め、企業の熱量を伝えるために、戦略的に設定した価格だと考えていい。

もっと安く、誰でも買いやすい価格にすることもできたかもしれない。でも、それでは熱量を伝え切れない。堂島麦酒が目指しているのは、ＳＡＫＥが一時のブームではなく、世界的な酒になること。ワインのように、世界中の人に愛飲される飲み物にすること。

それには、ワインと同じように価値あるものだと伝えなければいけない。あちらの世界では、１本何百万円もするワインに人が群がる。安い価格では、高級ワインを嗜む層に見向きもされないだろう。でも、その層にこそ熱量の高い人たちがいる。

だから、そこに届けるためにも、あえて15万円という価格をつけている。ＳＡＫＥとは、それだけの価値のあるものなのだと知ってもらいたいから。価格設定によってターゲットを狭く絞ることで、より確実に届ける戦略を選んだわけだ。

その戦略が功を奏して、イギリスのみでの販売にもかかわらず、世界の富裕層の間で人気が出て、プレミアムブランドになった。政府関係者にも注目されて、２０１９年のG20大阪サミットで要人たちに振る舞われると、さらに話題を集めた。こうした出来事もすべてがストーリーとなり、さらに熱量の広がりを加速させる。

15万円の日本酒は、ただ単に「世界でいちばん高い日本酒」を目指したのではない。日本酒が世界に広まるにはどうすればいいか、各国の熱量の高いセレブたちがこぞって日本酒を飲むようになるにはどうすればいいか、どういう人たちなら最高級のものを探すのか、そして日本酒の価値をわかってもらえるのか、といったことを考えた末の価格だ。この目的のために、当時いちばん高い日本酒の価格に設定することで、ストーリーと熱量を表現したのだ。

価値あるものは、価格を高くすることで、その熱量を伝えたほうがいい。そうすれば、商品自体の熱量も高まるし、顧客の熱量を育てることもできる。無駄に価格を安くして、熱量の低い顧客のところまで届けるよりも、息の長いビジネスになるはずだ。

ただし、言うまでもないことだけど、本来の価値とかけ離れた価格にするのは論外。堂島麦酒の日本酒にしても、15万円の価値があると自信を持って言えるから、その価格が成り立っている。相手に対して誠実であることは、人間関係の基本。それは顧客に対しても同じだ。

（注：現在の法律では、日本国外で製造された清酒は「日本酒」とは呼べないらしく、堂島麦酒でも公式には「ＳＡＫＥ」という表現を使っている）

熱量でインフルエンスを起こせ

インフルエンサーマーケティングとは、影響力のあるユーザー（インフルエンサー）に商品などを紹介してもらうことで認知を広げる手法で、主にＳＮＳで多くの企業が実践している。広く発信してもらうには、やっぱりフォロワー数の多いインフルエンサーを選んだほうがいい、と考えがちだけれど、ここでも大事なのは「熱量」。

どんなにたくさんのフォロワーを抱えていても、本人が商品やブランドに熱量を持っていなければ届かない。運良く届いても、それは熱量の低いメッセージでしかなく、熱量の低い顧客しか拾えない。それではファンを作ることにはつながらない。

インフルエンサーを使って認知を広げるには、まず大前提として、商品・ブランドの熱量が高いこと。その上で、同じ熱量を、同じくらいの高さで持ったインフルエンサーを探す。

同じ熱量を持っているかどうかは、たとえば商品のキーワードと同じ言葉を使っているか、ブランドのコンセプトに合致する行動をとっているか、同じかそれと同等のビジョンや思想、知識を持っているかなど、そういった部分から判断することができる。もちろん、すでに商品を買って愛用してくれていれば、それなりの熱量を持っていると言えるだろう。

その上で大切なのは、「みんなに好かれよう」としないこと。先ほどの価格の話と同じように、熱量の低い人にまで広く行き渡らせようとするのはマスマーケティングの発想だ。

そうではなく、**本当にいいと思ってくれる人、本当に必要とする人に確実に届け、ファンになってもらう**。**それが、今後すべてのビジネスが目指すべきあり方だと僕は考えている。**

まだ商品やブランドが周知されていないのであれば、商品に興味を持ってくれそうな人を探し出し、まずは彼らに熱量を届けよう。直接連絡を取って、できれば会いに行って（現場主義！）、商品の特徴や魅力といったストーリーを語り、熱量を伝える。そして彼らの中の熱量を育て、自分たちと同じくらいにまで高めていこう。

そうすれば、彼らがインフルエンサーとなってくれる。何百万人ものフォロワーを持つ人気インフルエンサーを無理に起用したところで、薄っぺらなメッセージが、ひたすら広く浅くSNSの海に漂うだけ。そんなものでファンは獲得できない。

インフルエンサーにしてもSNSにしても、それらは手段に過ぎない。**自分と同じ熱量を持った人を探して、つながり、コミュニティを作る**。**それこそ、ブランドの熱量を高く保ったまま、なおかつ遠くまで広げていく、真のインフルエンスの起こし方だ。**

フォロワーは足で稼げ

今やどんな企業、どんなブランドでも、SNSのアカウントを持っている。場合によっては、商品ごとにアカウントを作っていることも多い。ツイッター、フェイスブック、インスタグラムにLINE。それらを運用することだけが仕事のマーケター、PR担当者もいるだろう（そういう人たちをマーケターと呼んでいいかどうかは別として）。

そこで目指すのは、何よりもフォロワーの獲得だ。個人とつながり、関係性を作り、コミュニティとして育てていくには、SNSは絶好のツールだし、つながる場所、関係性を作る場所、コミュニティとなる場所を、企業自ら用意できるのだから。ただし、フォロワーの獲得はそう簡単な話ではない。

たとえば、新しいスニーカーブランドが、認知度を上げるためにインスタグラムを始めるとしよう。でも、ただ投稿するだけではフォロワーは増えない。そこはやはり研究が必要で、フォロワー数の多い他ブランドはどんな写真を投稿しているか、スニーカー好きはどんな写真を、どのくらいの頻度で投稿しているか、みんなが使っているハッシュタグは何か。そういったことを調べて、自社のアカウントに取り入れる。

ただし、それで増やせるフォロワー数には限界がある。オンライン上では本来の熱量が伝わりきらないからだ。じゃあ、どうするか？　当然、現場に出ていく必要がある。そこで直接、熱量を届けるのだ。

まずは、ファンの多いスニーカーショップに行って、ブランドと商品について説明し、アカウントを紹介する。スニーカー好きが集まるコミュニティ（オンラインでもリアルでも）を探し、その中でブランドの熱量を伝え、アカウントを紹介する。何なら、スニーカー好きの友達と会う度にストーリーを聞かせ、その場でフォローしてもらう。

こうやって現場で声をかけていけば、フォロワーは確実に集まってくる。そうすれば、各フォロワーからさらに広がっていく。地道で地味だけれど、長く付き合える質の良いフォロワーを見つけて育てるのなら、これがいちばん手っ取り早い。

わかりきったことだけど、「#スニーカー好き」「#スニーカー好きとつながりたい」というハッシュタグをつけて投稿するのと、「僕、スニーカーが好きなんですよ！」と直接会って伝えるのとでは、熱量の伝わり方がまったく違う。発信してただ待っているよりも、自ら熱量を発揮しに出かけていったほうが早いし、確実に熱量の高いコミュニティを作れる。

そんな手間はかけられないと言うなら、お金を払って広告を出すことになる。お金でタイムラインを買えばいい。ただし、最近はユーザーも賢くなっているから、広告にはなかなか反応しなくなっている。それよりも、足でフォロワーを稼いだほうが、熱量の高いアカウントになる。

ちなみに、インフルエンサーたちにはなぜフォロワーが多いか、わかるだろうか？　それは、現場で稼いでいるから。モデルなら、撮影の度にカメラマンやヘアメイク、スタイリストなどとつながったり、モデル同士で自撮りして互いのファンにフォローしてもらったり。そうやって稼いだフォロワーがベースとなっている。幅広く活躍するモデルほどフォロワーが多くなるのは、たくさんの現場で直接人と会って稼いでいるから。

SNS上のつながりといっても、結局のところ、現場に集まったときがいちばん盛り上がる。熱量が高まったその瞬間が、最もフォロワーを稼げる瞬間でもある。

ユーチューバーも、やっぱり足で稼いでいる人が多い。いろいろなところに出かけていっては動画を撮り、現場でファンを作る。彼らも案外、泥臭いことをやっているのだ。

また、「いいね！」の数に囚われる必要はない。そこを狙いすぎると、むしろ熱量が下がる。インスタグラムで「いいね！」件数が表示されなくなった理由には、そういう背景もある。

それよりも、企業アカウントならもっとコンテンツに力を入れるべき。自分たちが伝えたいこと、自分たちのストーリー、自分たちの熱量を、思う存分に書いたほうがいい。そのほうが、絶対に伝わる。

リアルな現場を作れ

マーケターの役割は、顧客との接点を作ることだ。接点がなければ、顧客を知ることも、近づくことも、関係性を築くこともできない。最も熱量高く顧客と接することができる場所、それはやっぱり現場だ。それもリアルな現場が、これからのビジネスでは絶対に必要になる。

ロレアルであれば、オンラインだけでなく、路面店やデパート内に実店舗を持っているので、顧客が今、何をほしいと思っているか、何を探しているかは、現場で観察していれば推測できる。もし外れていても、話しかけるきっかけにはなる。また現場なら、顧客は商品を試すことで、ブランドそのものを体験できる。自分自身の体験は印象に残りやすく、それは価値になる。

誰でも見られるホームページの情報なんて誰もシェアしないけれど、現場で得た情報には価値がある。だから現場は、顧客にとっても特別な存在だ。現場でひとりひとりに対応すれば、顧客の情報を得るだけじゃなく、こちらから与えることもできる。ストーリーを伝え、熱量を届けられる。それが、今後の関係性を作っていく基礎になる。

最近では、オンラインだけで展開しているビジネスも多いだろう。それでも、顧客とのリアルな接点は作ったほうがいいと僕は考えている。本当に顧客を知るには、それしかないからだ。

別に店舗を構える必要はない。たとえば展示会を開くとか、交流会やオフ会といったイベントを催すのでもいいし、期間限定のポップアップ・ショップでもいいかもしれない。オフィスに遊びに来てもらうだけでも、十分な接点となる。むしろ、オフィスまで来る人は熱量が高い人だろうから、たくさんの情報を得られるはずだ。

現場を作れば、熱量を伝えられるだけでなく、きめ細かい対応ができるようにもなる。現場で生の声を拾い、社内で共有して、ＰＤＣＡを回して、顧客満足度や品質を上げていくことにつなげられる。

現場とは、「顧客を知るための現場」。顧客との関係づくり、つまりマーケティングのための現場であり、売上を立てる場所はオンラインでも構わない。

実際、化粧品業界でさえも、オンラインのほうが収益率が高い。でも、その利益を安定的に長く生み出せているのは、リアルな現場を大事にしているから。もちろん、コスメの場合は実際に試してみないと判断できない、というのもあるけれど。

今後、リアルな現場を持たないビジネスはますます弱体化していくだろう。コロナ危機があらゆる業種においてオンライン化を後押しすると言われているけれど、そこで伸びるのは紛れもなく、以前から現場を持っていたビジネスであり、リアルな顧客を大切にして良い関係を築いてきたビジネスだ。

その観点から言えば、ラグジュアリーブランドなんかは今後も強いと思う。店に来た顧客を大切にして、ちゃんと向き合ってきたビジネスだし、顧客の情報もたくさん蓄えているはずだから（それも上顧客の）。

反対に、弱いと思うのは飲食店。それは「3密」を避けて顧客が来なくなるからじゃない。これまでずっと顧客が自ら現場まで足を運んでくれていたのに、その顧客を疎かにしてきたから。食事に来てくれたひとりひとりに向き合ってなんかいないし、関係性を築いたり、情報を積み重ねたりもしていない。関係構築なんて考えなかったはずだ（もちろん、そんなお店だけじゃないことはよく知っている）。

飲食店に限らず、今回のコロナ禍で、このままじゃダメだと気づいた人や店、企業も多いだろう。だからといって急にやり始めても、顧客との関係づくりはそう簡単な話じゃない。コロナ危機が訪れるずっと前から、現場での関係構築を顧客とともに積み上げてきた企業・業界とはわけが違う。

最近は、個人情報ですらお金で買うことが可能になった。でも、お金を払って得たその情報は、他社も持っている情報だ。ただのデータリストに過ぎない。実際に会って引き出した情報こそが、ＧＡＦＡも持っていない、唯一無二の価値となる。

日本には「おもてなし」という現場主義の文化が根付いている。現場ならではの付加価値の高め方を誰もが知っているのだ。今こそ、その強みを発揮しよう。

熱量で顧客を振り分けろ

デジタルな世の中では、企業と顧客との接点が多様化している。リアル店舗のほか、自社サイト、各種SNS、メルマガ、アプリ、アマゾンや楽天市場といった外部サイトもまた、顧客との大切な接点だ。そこで、それぞれの接点の役割を明確にする必要がある。

まず「リアル」と「オンライン」に分けて考えると、前者は顧客を知る場であり、ビジネスによっては売上を立てる場にもなる。後者は売上を立てる場であり、顧客との長期的な関係を築く場だ。

実際、オンラインは個人と長期的につながるのに適している。リアルの接点の場合、様々な理由で行かなくなることが考えられるけれど、熱量が消えない限り、SNSをフォローしていたり、メルマガを取っていたりする人は結構多い。

ただし、多くの個人とつながることが可能だからこそ、より熱量の高い顧客を振り分け、それに合った対応をする工夫が必要になる。サイトを見に来る人は何万人といるのだから、すべてを相手にしていてはマスマーケティングになってしまう。

たとえば、よくサイトを訪れる人と、初めて来た人とで扱いを変えてもいいだろう。もちろん、購入してくれたことがある人と、そうでない人は分けて対応したい。そのためには、購入履歴からおすすめを表示したり、限定セールを開催したりするのもいいかもしれない。

こうした施策で、より熱量の高い顧客を絞っていき、その人たちにはさらに手厚い対応をする。それはやっぱり、人間関係と同じ。良くしてくれる人にちゃんとお返しをすれば、また向こうも返してくれる。より良い関係性を築いていくことで、ファンが生まれる。

最も熱量の高い顧客、つまり末長く付き合いたいと思う顧客には、会員専用のサイトを作って、さらに特別な関係にしていくこともできる。そこでの売上が大きくなれば、ビジネスとしてかなり安定性を確保できる。

ただし、顧客にフィルターをかけるには、あらかじめ、どういうファンがほしいのかを自分たちで明確にしておかなければいけないし、その規模も決めておく必要がある。許容量を超えるファンがついて対応が追いつかなくなれば、本末転倒だ。

自社サイトに対して、アマゾンなどの外部サイトでは、もちろん売上は立てられるけれど、関係性は作れない。それよりも、ストーリーを伝える場と割り切ったほうがいいだろう。そこから熱量の高いファンを自社サイトに誘導できれば、アマゾンでの売上なんておまけになる。

自社サイトと外部サイトでは、考え方も経済圏もまったく違うので、切り離して考える必要がある。それは、会員登録してくれた人にだけ送るメルマガと、誰でも見られるＳＮＳとでは、書く内容や伝えるメッセージを変えるのと同じこと。

だから熱量の高いファンを大切にしながらも、新しい顧客とつながり、新しい関係性を作って、新しいファンに育てていくことも同時にしなければいけない。

そうでないと、今いるファンが全員いなくなったら、ビジネスが終わってしまう。

最近は、こういった観点から戦略を変えたブランドも多く見受けられる。僕が好きなファッションブランド「ＡＭＢＵＳＨ」もそうだけど、それまでは洋服やバッグしか売っていなかったブランドや店が、今ではアクセサリーや小物から食器や食品、雑貨も扱い始めている。ただファッションとして新しいデザインやトレンドを提案するだけじゃなく、ライフスタイルを提案するブランドに生まれ変わってきているのだ。

なぜそんな戦略変更をするのかと言うと、洋服やバッグでは価格が高くて、なかなか手を出せない層もいるからだ。現に、若い頃の僕もそうだった。だから、価格帯の高い商品しか扱っていないと、特に若い人たちには、なかなかファンになってもらえない。でも、そんな若い層をちゃんと育てておかないと、いずれブランドは存亡の危機に陥る。

そこで、もっと価格が安くて、気軽に手を出せる商品（たとえばスマホケースやノートなどの小物とか）を追加することで、新しい顧客層を開拓し、これから熱烈なファンへと育てていこうとしているのだ。

ちょうどいいサイズになろう

熱量の高いところで、熱量の高い顧客とつながり、さらに熱量の高いファンへと育てていく。すると、必然的にターゲットとなる顧客の絶対数は少なくなる。最初から狙い撃ちしているのだから、それ以上は広がりようがない。

もしかすると、「お客さんは多いに越したことはないのだから、せめて最初の網はもっと広げておくべきでは？」という意見もあるかもしれない。たしかに、とりあえずマスに向けて大きな網を投げておいて、そこからフィルターをかけていくのもいいかもしれない。何かのきっかけで爆発的に売上が伸びる、なんてことも期待できるだろう。

でも、そんなのは所詮、一時的な盛り上がりに過ぎない。一発当てて終了、というビジネスを目指しているのでない限り（たぶん、そんな人はこの本を読んでいないだろうけど）、やみくもに顧客を増やすべきじゃないと僕は考えている。

なぜかと言えば、これもやっぱり熱量を保てないから。膨大な数の顧客を相手にして、高い熱量を維持するには、かなりのリソースが必要だ。それよりも、自社の商品・サービス、自社のビジネスモデルに合った、最適なサイズで高い熱量を保つことを目指したほうがいい。本当に息の長いビジネスにするには、無理・無駄は禁物だ。

言い換えれば、高い熱量でビジネスを続けていくには、何が最適サイズなのかを把握しておかなければいけない、ということでもある。どれくらいの人数で、どれくらいのリソースをかけて、どれくらいの売上と利益を目指すのか。そうした企業としてのビジョンがなければ、不規則な顧客の増減に振り回されて、熱量までも飛んでいってしまう。

自分たちにとってちょうどいいサイズがわかったら、それに合わせてマーケティングをやっていく。ＳＮＳで広く発信するのでもいいし、リアル店舗から広げていくのでもいい。一度つながった顧客が、どれくらいの段階を経て、どれくらい減っていくかは、デジタルのおかげで計測しやすい。それをもとに、最適サイズから逆算して、最初の網の大きさを割り出せばいい。

ただし誤解してほしくないのは、最適サイズを目指すということは、必ずしもビジネスをコンパクトにすることを意味しているわけではない。大企業による大量生産だって、そこに熱量を持った顧客がたくさんいるなら、それで何の問題もない。

〈リプトン〉にしてもそう。そもそもリプトン卿の「たくさんの人に、気軽に上質な紅茶を飲んでもらいたい」というのがブランドの出発点なのだから、顧客を絞らず広げていくのが目的だ。ただし、広めると同時に、熱量の高い一部の顧客をしっかり掴んで離さないことも必要だと思う。

いずれにしても、規模が大きいマーケットを狙うのが間違い、ということじゃない。正しく狙って、ちゃんと成果を出せるなら、それでいい。ただ、むやみに大量生産したり、ひたすら販路を拡大したりすれば、いずれ無理が祟って、ビジネスが立ち行かなくなる。そうなる前に、本当に必要なサイズを把握して、そこでビジネスをしたほうが長生きできる。

僕が携わらせてもらっているアパレルブランドは、今現在、２サイズしか展開していない。もちろん、すべての女性に着てもらいたいのだけど、まずはブランドとして着てほしい人にちゃんと届けたい、本当にブランドを愛する人に着てもらいたい、という考えが強くあるから。

そのために、ブランドとしてどんな人に着てほしいかを明確にした上で、その人たちはどこにいるのか、どんな生活をしているのか、といったことを理解する必要がある。それにはＳＮＳが大いに活用できる。もちろん、可能であれば直接会いに行って（現場主義！）、試着してもらうなんてことは最高の顧客体験にもなるだろう。好きなブランドが自分に会いに来てくれるなんて、こんなに熱量が高まる現場はそうないはずだ。

こうした地道なマーケティングを続けて、人気は着実に広がっている。たぶん、現在の顧客は数千人くらいだけれど、それでしっかりと売上が立ち、お客様に満足してもらえて、ビジネスがちょうどよく回るのなら、今はそれで十分。今のビジネスの状態で、これ以上急激に大きくしても、いいことなんて何もない。

顧客にしっかり向き合えるサイズ感を、どんなビジネスでも大切にしたほうがいい。

本当に必要な顧客にだけ届けることを考えると、生産数だけじゃなく、商品点数も制限できる。広告が必要ないとわかれば、浮いたお金をリアルの接点を持つ機会に使ったり、より良いシステムの構築に回したりできる。無駄が減り、廃棄物も少なくなるから、とってもエコなビジネスになる。

ビジネスを最適なサイズにするということは、今、目の前にいる顧客と真摯に向き合いながら、高い熱量を保ってビジネスを回していくこと。

たったひとつの正解があるわけではないけれど、ちょうどよく、気持ちよく生きていくことを目指そう。

第6章

熱量の原点、そして未来

「37歳で社長になる」

今から20年ほど前、僕が大学生だった1990年代後半、世の中の「偉い人」「トップ」と言えば、それは企業の社長だった。もちろん、総理大臣とか、スポーツや芸術などの世界のトップはいたけれど、しがない学生が目指せるトップと言ったら「社長」以外になかった。今みたいに、マーケターがもてはやされる時代じゃなかったし、そもそも、そんな職業はなかったような気がする。マーケティングをやっている人はいただろうけれど、「マーケター」なんて洒落た呼ばれ方はしていなかった。

しかも、世は超就職氷河期。僕が大学を卒業した2000年、大卒の求人倍率は史上初めて1倍を下回った。

そんな中で、僕は「偉くなりたい」と思っていた。それは単に性格の問題でもあるし、まだまだそういう風潮もあった。どうせやるならトップを目指したい、カネを稼いで、たくさんモテたい！ それには社長だ！ 代表だ！ ……とまぁ、安易にそう思っていたわけだ。

それに、凍えるような氷河に覆われて、とりあえずどこかに就職できればいい、という空気の中で、僕ごときが唯一夢を持てるのが「社長」だった。その少し前の高度経済成長期には、華やかな社長たちのリーダーシップによって、多くの強い日本企業が誕生していた。そんな社長への純粋な憧れもあった。

だから、目指すは「カッコいい会社」の社長。ただ「社長」という肩書きがほしいだけなら、自分で会社を作ればいい（当時は「起業」なんて言葉を耳にすることもなく、自分で会社を興すなんて考えてもみなかったけれど）。でも僕にとっては、地味で小さい会社の社長じゃ意味がない。目指すならトップの中のトップ。その時代のホットな会社、話題になっている会社の社長がいい。

それに、どうせ社長になるなら30代後半にはなっておきたい。今でこそ、若い社長や起業家はたくさんいるけれど、当時は普通に新卒で就職して、長年勤め上げてから、ようやく社長になれるケースがほとんどだった。でも、成功するなら若いうちに越したことはない。年を取ってから金持ちになっても遊べないし、視力が悪くなったらスポーツカーにも乗れない。それに、若くして成功したほうが、絶対にモテる。

早く偉くなって、早く金持ちにならないと、人生を楽しめない。就職活動の中でいろいろな企業のおじさんたちを見るにつけ、この思いは強くなっていった。僕は、「37歳で社長になる」という目標を設定して、真剣にキャリア構築について考え始めた。

どうすれば、他の誰よりも早く出世の階段を駆け上り、30代で社長になれるだろうか。誰に話を聞いたら、そのコツを教えてもらえるだろうか。そう考えて、僕はヘッドハンターをつけることにした。周りにそうやって社長になれた人なんていなかったし、どんなことでも、その道のプロに聞くのがいちばんの近道だ（これは今の現場主義にも通じている）。

僕は、中学・高校の6年間をアメリカで過ごした。そのおかげで英語には不自由しない。アメリカ時代に散々遊びまくった反動で、日本に帰ってからは真面目に勉学に励んだので、大学の成績もトップクラスだった。そんなわけで、就職氷河期にもかかわらず、30社近くから内定をもらった。

ただし、日本企業は1社だけ。他はすべて外資系。英語が堪能だから外資系から求められるのは当然として、日本企業からことごとく弾かれたのは、たぶん、生意気だと思われたんだろう。アメリカ育ちの性格がドメスティックな社風に合わないと。こちとら社長を目指しているわけだから、面接でもそれがにじみ出たんだと思う。

KDDIで得た武器

ヘッドハンターにも相談して入社することに決めたのが、唯一僕を受け入れてくれた日本企業、KDD（現在のKDDI）だった。

当時まだデジタルやITの分野は一般的ではなかったけれど（2000年の流行語大賞が「IT革命」だ）、ヘッドハンターの中に、これからはテクノロジーの時代になると考えている人がいて、デジタルや通信の経験があったほうが絶対いいとアドバイスされた。それに、外資系にはいつでも転職できるから、という理由もあった。

ちなみに、KDDを選んだ時点では、当然、30代後半でKDDの社長になることを目指すつもりだった。それがどんな夢物語かは、案外すぐにわかるのだけれど……。

KDDではワイアレスビジネス推進部に所属し、通信やサービス企画、衛星通信などに携わった。僕が入社して間もなく、KDDはDDI、IDOと経営統合し、KDDIに生まれ変わる。僕は、約款の整理といった業務を通じて、大企業同士の合併という一大事件を体験することになった。

そして、ＫＤＤとＫＤＤＩでは、いわゆる古いニッポンの大企業の働き方を経験することになった。たとえば、僕みたいな新人は早朝に出社してオフィスの掃除をし、上司のデスクを拭いておく。朝はなぜか体操から始まって、勤務中は基本的に上司やチームの空気を読んで行動する。

こうした経験は、あとになって役立つことが多かった。日本企業で働く人がどんな文化の中にいるかを自分でも体験しているので、日本企業の人と仕事をするとき、彼らのことを理解するための貴重な財産になった。

また、大企業らしくかなり大きな労働組合があって、なぜか組合の執行役員に選ばれた僕は、新人のくせに、部長クラスと対等に渡り合って、賃上げ交渉をし、春闘を戦ったりもした。

結果的に、僕は最初の就職先としてＫＤＤを選んで本当に正解だった。のちに何度も転職を重ねるけれど、職歴の中に、日本の、しかも一流企業の名前があることで、どんなに助けられたことか。

キャリアアップするにつれ、大企業の重役や幹部クラスと話す機会も増えたけれど、僕がどんなに若くても、たとえ初対面でも、膝を突き合わせて話を聞いてやろうと思ってもらえたのは、おそらくＫＤＤＩの威光のおかげ。そこで経験を積んだことがある、というバックグラウンドが、僕という人間の信頼につながったのだと思う。

これが、ジェイ・ウォルター・トンプソンとか、ユニリーバとか、インスタグラムといった名前ばかりでは、印象はかなり違ったはずだ。この日本社会を動かしているのは、まだまだおじさんたち。彼らの受けがいいことは、社会でうまくやっていくための大事な処世術でもあった。

ただ、組合役員としてたくさんのおじさん社員たちに接する中で、僕は気づき始めてしまった。「このままだと、あと何十年働いても社長になるのは難しそうだな……」。37歳まで10年ちょい。その期間で社長になるには、どうキャリアを築いていったらいいのだろう？

社長へと続く階段

ＫＤＤＩでのキャリアに疑問を持ち始めたころ、ヘッドハンター経由でいくつか転職のアドバイスとオファーをもらった。ずっとここにいても社長になるのは難しそうだ。それよりも、転職を繰り返してキャリアを上げていったほうが、より早く社長に近づけるだろう。

ということで、3年ほど務めたKDDIを辞め、僕はジェイ・ウォルター・トンプソン（JWT）に就職した。

JWTは、当時アメリカに本社がある世界最古にして最大の広告会社。ちょうど日本でボーダフォン（これを読んでいる若い読者は知らないかもしれないけれど、かつて日本でも展開していた携帯電話会社）との契約を取り付けたところで、通信に詳しい若者がほしいとの要望があり、KDDIにいた僕にお声がかかった。KDDIの先輩がJWTにいた、というご縁もあった。

ただ、知ってのとおりボーダフォンは、わずか数年で日本から撤退（事業はソフトバンクに譲渡され、今に至る）。そのため僕も、その後は通信とは関係のないクライアントを担当することになった。その中にユニリーバがあり、実際、〈リプトン〉の広告も担当していた。

そのご縁で、クライアント側であるユニリーバ・ジャパンに誘われたのが28歳のとき。このころ自分の中で、キャリアのバックボーンとなるものがほしいと考えていた。一本筋が通ったもの、自分の軸はここにあると自信を持って言える何かを探している、そんなタイミングだった。

それまでのキャリアも踏まえれば、やっぱりマーケティングで生きていくのがいいだろう。そう決意してみると、広告の制作側から出稿側に移ることには、大きなメリットを感じられた。両方の立場から広告を見ることは、間違いなく強みになるはずだ。そう考えて、僕はかつての広告主への転職を決めた。


ユニリーバ・ジャパンでは、すぐにマーケティングの中枢部門に配属された。マーケティングの経験者とはっきり言えるわけでもない僕がそこに行けたのは、〈リプトン〉というブランドに対する熱量と、広告会社側として一緒に築き上げた実績があったからだ。

ブランド開発のアシスタントからスタートして、最終的には、アジア地域のブランド開発責任者、飲料における日本カントリーリーダーという役職と役割を与えてもらった。ブランド責任者としての責任の範囲も広く、国内外を問わず、多くのチームと関係各所、そこに属するメンバーたちと働くことになった。

ここではメーカーにおけるマーケティングの実践に加えて、役職柄、貸借対照表（ＢＳ）や損益計算書（ＰＬ）といった財務書類を見ることも学び、経営的な視点を身につけていった。

次に、同じグループのユニリーバ・オーストラリアに移籍。アジア地域のブランド開発マネージャーとして目を配る国の範囲が大きく広がり、責任もさらに重くなった。

このときは、オーストラリア国内での〈リプトン〉のシェアを拡大するというお題目があった。いろいろな戦略を進めたものの、どうもうまくいかない。いっそ1位の会社を買収したらどうだろう……など、通常の新商品開発におけるマーケティング以外のところでも戦略を張り巡らせた。

一マーケターとはいえ、経営者目線でビジネスを俯瞰してブランドをどう立て直すかを推考し、実施したことは非常に貴重な経験となった。僕自身もある程度、成功への道筋を構築し、ここでの役目を終えた。

上へ上へ、企業を渡り歩く

このとき33歳。37歳で社長になるには、ここらで役員クラス以上になる必要がある。そんなときにヘッドハンターから紹介されたのが、ニュースキン・ジャパンだ。

ニュースキンは、世界最大のヘルスケアＭＬＭ企業。ＭＬＭとはマルチレベルマーケティングの略で、日本語では連鎖販売方式と言い、ネットワークビジネスとも呼ばれている。あまりいいイメージを持っていない人もいるかもしれないけれど、要は、人を通じて商品を広げていく販売システムだ。

なかには悪質なマルチ商法もあるため誤解されやすいものの、ニュースキンはもちろん健全なＭＬＭ。極めて良質な商品も多く、日本にもちゃんとファンがいる。しかも、みんなが思っている以上に多くのファンがついている。ただ、もっと一般のブランドと同じように認知してもらい、より広く届けたい、という課題を抱えていた。

そこで白羽の矢が立ったのが僕だ。ＪＷＴで広告制作、ユニリーバではメーカー側のマーケティングで実績を積んだことが、高く評価されたらしい。おかげで、マーケティング責任者の立場が用意され、責任も大きくなる分、給料も大きく上がる待遇を提示された。僕としては申し分ない機会であり、非常に魅力的な経験が待ち受けていることを感じ取った。これは行くしかない。

ニュースキンではまず、ブランドやポジショニングを新たに開発するところから始めた。

ブランド名も一新して、あたかも新業態をゼロから作り上げるように、誰でも買いやすい別ブランドとして生まれ変わらせた。そして、MLMという既存ビジネスとは違う、新しいブランドの柱を作る意味合いも込めて、初めて路面店を出した。しかも銀座の一等地に（この店舗は期間限定の出店だったため、現存はしていない）。

さらにECサイトを立ち上げ、初のテレビCMも出した。それまでに培った経験や人とのつながりなど、すべてがここで活かされた。それと同時に、僕自身も、ディストリビューターと呼ばれる販売員を介した販売システムや会員制システムの運営、そして実店舗の開発という新たな経験を得ることができた。

これらリアルの世界での実績を引っさげて、2014年に5回目の転職で向かったのが、フェイスブック・ジャパン。言わずと知れた、世界最大のSNS企業だ。当時すでに日本でも2000万人以上が利用していて、非常に盛り上がっている業界だった。

それまで、広告会社と、広告主であるメーカーでの経験は積んでいたものの、僕がまだ経験してないのがメディアだった。そこで、新しい会社であるフェイスブックで、SNSという新しいメディアを経験してみようと思ったのだ。

ここではマネタイズを行うチームに入った。当時ユーザー数は増えていたものの、広告の出稿先としては、まだまだ存在感が薄かった。そこで、フェイスブックに出稿してくれる企業を集めるのが、このチームの任務だった。

もう予想がつくと思うけれど、ここまで歩んできた転職遍歴、そこで築いてきた人とのつながりが、ここに来てさらにフル活用されることになった。ありがたいことに、「長瀬の頼みなら」と多くの企業が次々と出稿を決めてくれて、その後、大広告主になる企業も多かった。

おかげで僕は、フェイスブック内でも一目置かれるようになった。

社長への4つの戦略

普通の大学生から大企業の社長にのし上がるために、僕は4つの戦略を持っていた。もちろん、ここで言う「社長」とは、僕が目指してきたビジネス規模の大きい企業の社長だ。

まずは「わかりやすさ」。言ってみれば、あえて「出る杭」になるということ。トップを目指すなら、目立たなくてはいけない。大勢の中でも目立つような何かがないと埋もれてしまう。目立つには「わかりやすさ」が強い。たとえば経歴の中に、誰でも知っている一流企業の名前や、わかりやすい実績があると、すぐに信頼を得やすい。

その最たる例が、僕の経歴で言えばKDDIだったわけだけれど、他にも、ユニリーバは世界最大の消費財メーカーで誰でも名前を聞いたことがあるし、名前は知らなくても、JWTは世界最古・最大の広告会社、ニュースキンは世界最大のヘルスケアMLM企業だと聞けば、「すごそうだ」と思ってもらえる。

誰が見てもわかりやすく、かつ市場価値の高い経歴を作るために、僕はあえて名の通った企業を選んでいた。僕が若かった当時の風潮としても、特にそういうポイントが重要だった。

次に、「様々な業種・業態を経験する」。社長になるなら、幅広くマーケットのことをわかっていなければいけない。あらゆる角度からビジネスを判断できる必要がある。大企業の社長ほど、その重要性は増す。

たとえば、広告会社（いわゆる「代理店」と呼ばれるところ）には、どんなにがんばってもメーカーの気持ちはわからない。それはモノづくりをしたことがないからだ。

モノづくりでは、まず企画から始まり、計画を立て、テスト開発をして、マーケティングし、工場での生産を経て、流通に乗せ、倉庫管理をしながら、卸や小売と交渉し、店頭に並ぶことが決まってから、ようやく広告の出番となる。そこで広告会社が出てきて、あれこれ偉そうなことを言うわけだけど（そう、かつての僕も言っていた）、広告はメーカーがやっていることのほんの一部分に接しているに過ぎない。

逆もまた然りで、広告会社に行かないとわからないこともたくさんある。むしろ、広告会社が実際に幅広い業態で関わっている視野の広さは、一メーカーでは敵わないだろう。

この2つだけでもかなりのギャップがあるように、業種が違えばビジネスはまったく違う。そして、上に行けば行くほど、相手のことがわかる人間でないといけない。だからこそ、社長になるなら、あらゆる業種・業態のことを理解するために、すべての業態に一度は入っておくべきだと僕は考えた。

業務についても、幅広く経験を積んでおくことを意識した。マーケティングはもちろんのこと、ファイナンス、工場など生産現場、サプライチェーンといったビジネスのあらゆる部分を30代までにすべて経験するのは、普通の企業では無理。でも、若くして社長になるなら、早いうちに多くの経験を積んでおく必要がある。

だから、戦略的に転職を繰り返して、自分に足りない経験、社長になるために必要な経験を、自ら取りに行くようにした。その結果として、多角的な視点が身につき、視野を広げて全体を俯瞰するマインドが自然と養われたことは、大きな財産になっている。

3つ目は、「バックボーンをひとつ持つ」。様々な業種・業態を経験しながらも、自分の中で核となる軸を持っておく。僕の場合、それはマーケティングだった。軸をひとつ持った上で、いろいろな業種・業態でマーケティングを経験する。広告を出す企業、作る企業、そして、それを掲載するメディアと、様々な立ち位置からマーケティングという軸を強固に育てていった。

その結果、1社だけ、あるいは特定の業種・業態だけでマーケティングをやってきた人間とは、圧倒的な差をつけることができた。どんなマーケットの話でもマーケターとして多角的に考えられることは、今でも非常に大きな強みになっている。

そして最後に、「有形・無形どちらも経験する」。商品をはじめとする形あるものと、情報などの形のないもの、そのどちらも扱えるようになる。

僕が社会人になって少しすると、ミクシィなどのＳＮＳが誕生し、オンライン上のビジネスが次々と生まれた。同時に、テクノロジーを扱う企業が強くなっていった。そこで、モノを扱う経験だけでなく、形のないものを扱う経験もしておいたほうが、これからの時代の社長になるためには有利に働くだろうと考えた。

僕には「社長になる」という確固たる目標があったため、それぞれの会社で真面目に働き、あらゆる経験を意欲的に積んできた。通信、企画、広告、マーケティングの業務を通じて、会員制ビジネス、ネットワークビジネス、路面店、流通や倉庫などのロジスティクス全般、工場運営の立て直しなんかもやってきた。海外で実績を残し、ビジネス拡大のためのＭ＆Ａを行い、法律関連や労務の経験もある。

我ながら、普通のサラリーマンではあり得ない経歴だと思う。ただこれは、僕が優秀だったからでも何でもなくて、そういう目的を持って、意図的かつ戦略的にキャリアを構築したから。そのためにヘッドハンターを大いに活用したし、常に上を目指す気持ちも忘れなかった。もちろん、上司やチーム、仲間に恵まれてきたことも紛れもない事実だ。

おかげで順調に地位も給与も上がり、転職する度に履歴書の価値が上がっていった。自分の中で着実に実績とキャリアを積んでいるという実感があったし、周りからもそういうふうに見られるようになったことで確信も得ていた。

37歳で社長になる

フェイスブックは2012年にインスタグラムを買収したものの、僕が入社した時点では、まだ日本でのサービスを開始していなかった。でもその年、2014年のうちにリリースすることは決まっていた。会社としても、いよいよインスタグラムのグローバル展開を始めるという転機の年で、新たなリーダーを探していた。

そんなとき、僕はフェイスブック8番目の社員に声をかけられた。「インスタグラム・ジャパン代表の面接を受けてほしい」。来た！　ついに「社長」になるチャンスがやってきた。もちろん断る理由などない。何といっても、インスタグラムはこれから確実に伸びるビジネス。そう、まさに「カッコいい会社」だ。

わずか一日でありえない数の面接を経て、晴れて、僕はインスタグラムの日本事業責任者

(Brand Development Lead – Head of Instagram Japan)、つまり社長的なポジションに就任した。ちょうど37歳になっていた。

ちなみに、この面接で印象的だったエピソードがある。それが「おじいちゃんの絵葉書」。僕の祖父は絵を描く人で、祖父が生前に描いた絵葉書が何百枚も残されていた。それらは、祖父が旅先から祖母に宛てて描いたもので、祖父が亡くなった際に僕が形見として譲り受けた（というか、それだけ勝手にもらって帰った）。

そのことを面接前にふと思い出し、改めて眺めているうちに、「絵葉書ってインスタと同じだな」と気づいた。目の前にあるものを画として切り取って、それを見てほしい大切な誰かに送り、「いいね！」と言ってもらう。これがインスタグラムの起源かもしれない。そんなことを考えた。

それで、面接の際におじいちゃんの絵葉書のことを持ち出して、「日本には昔からインスタがあったんだ」なんて話をした。だから日本人はカメラが大好きだし、写真も大好き。しゃべるのは上手じゃないし、感情表現も下手だし、欧米人と違ってロジカルじゃないけれど、でも、象形文字である漢字を使っているし、絵から何かを感じ取る能力は高いはず。だから、インスタグラムは日本人に合っていると思う、と。

それが決め手になったのかどうかはわからないけれど、僕に声をかけた8番目の社員はえらく感動し、「こいつはインスタの申し子だ」なんて言って、その後も僕を可愛がってくれた。天国のおじいちゃん、ありがとう！（僕がおじいちゃんに感謝しているのはこれが最初で最後だけど、これだけはずっと忘れない）

いちばん熱い社長の一年

こうして、「37歳で社長になる」という目標は達成できた。この頃になると、世間には僕より若い社長もザラにいたし、まして上司であるマーク・ザッカーバーグなんて19歳でフェイスブックを立ち上げている。それでも、ひとまず自分の目標を果たしたという感慨があった。この時点で、キャリア構築の旅はひとまず終わった。

インスタグラム・ジャパンの代表としては、まさにビジネスの立ち上げを経験することになった。それは、プラットフォームビジネスモデルの構築であり、新商品の開発であり、ブランド構築、ユーザーマネジメント、企業や広告会社とのパートナーシップといった数々の戦略を実施することでもあった。日本における収益モデルを確立し、急速に普及を始めたインスタグラムの土壌を整えていった。

1年ほどして、自分の責任は十分に果たしたなと感じたとき、僕は、次なる熱量を求めて、再び活躍の場を移そうと考え始めていた。

というのも、スタートアップというのは、スタート時がいちばん盛り上がるし、いちばん面白い。いちばん話題にもなるし、立ち上げた人たちがいちばん目立つ。最も熱量が高い時期に、最も熱量が高い場所で、最も熱量の高い存在でいられたことは、何物にも代えがたい経験だったけれど、だからこそ、ずっとそこにいても仕方ない。

ビジネスを立ち上げて、ある程度の収益構造ができたら、それ以降は基本的にはマイナーチェンジの日々。広告の表示を変えたり、種類を増やしたり。そこに最初の爆発的な熱量はなく、おおむね静かだ。もちろん、それでちゃんとビジネスが回るのだから、美しいあり方でもある。でも僕は、そろそろ次に行ってもいいかなと思うようになった。

それにしても、2014年はものすごく速く、濃密な1年だった。フェイスブックに入って広告主を開拓していたかと思えば、気づけばインスタグラムの代表になっていた。ここで過ごした1年半は、他の会社の3年分、いや7年分はあったように思う。スピードだけでなく、動かす金額も、それを集めるスピードも桁違いだったし、会社も社員も、半端じゃないスピードと熱量で日々動いていた。世界最大のＳＮＳを突き動かす熱量を肌で感じた毎日だった。

その中で、僕は「現場」の大切さを痛感し、当時から講演などで「現場主義」を伝え始めていた。

そんな僕のインスタグラムでの活躍や、意外と現場主義であること、それにデジタルについての考え方に目を付けてくれたのが、日本ロレアルだった。世界でもまだ新しかったＣＤＯ（最高デジタル責任者）という役職に就かないか、と声をかけてくれたのだ。ＣＤＯとして、もっと現場を大事にするビジネスをやってくれないか、というオファーだった。

これは、僕にとっても非常に良い機会だった。フェイスブックで目覚めた現場主義を実証するには、またとないチャンスだ。インスタグラムに残っても面白かったのかもしれないけれど、自分の経験が求められ、それを活かせる場があるなら、ぜひやってみたい。こうして僕は、「日本初のＣＤＯ」になった。

ロレアルでは、全社を挙げてのデジタルシフト改革を実行。それは、過去の経験や実績がすべて自分の財産になっていることを実感する日々だった。

すべてはキャリアのために

ここまで何度も転職を重ね、どの仕事にも高い熱量を持って臨んできたけれど、そこで扱ってきた商材のほとんどは、決して個人的に好きなものではなかった。

たとえば、ユニリーバでは〈リプトン〉の責任者だったけれど、僕自身はコーヒー派。広告はどうかと言えば、普段テレビを見ないから、そもそも広告自体をほとんど見ない。ネットワークビジネスもやらない。写真を撮るのは好きだけど、ＳＮＳで他人と共有したいってほどじゃない。フェイスブックで何千人もの友達とつながりたいとも思わない。会って楽しくお酒が飲める友人が数人いれば十分だ。男だから化粧もしない。

でも、好きか嫌いかに関係なく、いつも全力で仕事に打ち込んできた。なぜなら、キャリアのために、37歳で社長になるために。その目標のためと割り切って、好き嫌いとは関係のないところでキャリアを築いてきた。目標達成に必要な経歴だけを考えて、自分の全リソースを注ぎ込んできたし、そこにやりがいを感じてもいた。

もっと言うと、「好きなことを仕事にしてキャリアを積もう」という考えは甘いと思っていた。目標に到達していない段階では、まだ選べる側じゃない、と。

僕自身は、そうやって経験を積んで良かったと思っている。そのおかげで、多くの人とのつながりができ、今、自分の好きな人と仕事ができ、いろいろな人に頼れるようにもなったからだ。

そして、がむしゃらに目標に向かった期間を経て、最終的に、自分の好きな仕事を選べるようになった。もし若い頃に好きなことしかしていなかったら、その分野のことしか知らず、視野の狭い人間になっていたと思う。それでは、自分が本当に好きなこと、自分が本当にやりたいことは見えていなかったかもしれない。

いくら好きなことを仕事にしようと思っても、嫌な業務は絶対にあるし、ひとりで完結できるビジネスなんてほとんどない。起業するにしても、やっぱり誰かの助けが必要になる。だから、視野を広げ、人とのつながりを作ることを意識しておくと、あとで力になることが多い。

そもそも、面白い仕事なんて、この世の中には存在しないのかもしれない。ただ、仕事を

面白くする人がいるだけなんだ。それは自分自身でもある。

キャリアを優先して真面目にやったおかげで、給料も上がり、地位も上がった。転職したことがある人ならわかるだろうけど、すでにある組織に入っていくのは、それなりに大変だ。しかも、上のポジションをもらって入るとなると、敵も多くなる。そんなときでも、「これを乗り越えれば役職が上がる。さらにステップアップできる」と考えて、嫌な同僚や部下、社内外の関係者も無視できた。

それに、お金や地位は、やっぱり大事だと僕は思っている。

例えば彼女に捨てられたとき、財布の中に1円も入っていないのと、100万円入っているのとでは、気持ちがまったく違う。それは、寂しいとか切ないなんて生易しいものじゃない。腹いせに衝動買いしたり、美味しいものを食べて朝まで飲んだりできる人と、そうするお金がない人。翌日からビジネスの最前線でバリバリ活躍できる人と、ただ言われた仕事を片付けるだけの人。その差は歴然だ。

僕も実際、キャリアを積み上げる過程ではつらいこともたくさんあったけれど、お金と地位に支えられたと思っている。それがあったから、がんばれた。

最近は、別にお金なんてなくていい、キャリアなんていらない、と考える若者が多いと聞くけれど、それは大いにミスリードしていると思う。誰だって、お金はあったほうがいい。ただ、必要以上に持っていなくてもいい、という気持ちはわかる。

ビジネスの最適サイズと同じように、自分に必要な最適量のお金、最適なキャリアを得られたら、それで十分幸せになれると思う。でも、そのことと「お金／キャリアなんてなくていい」は違う。そこを甘く考えて、仕事に真剣に取り組まずにいたら、何も達成できないし、何も得られない。そんな人生は、もう人生ではない。

ついに「好き」を仕事にする

こうしてキャリアを重ねていった僕が、ロレアルの次に向かったのがＬＤＨジャパン。広告の仕事を多く経験してきたため、メディア関係やアーティストたちとのつながりも多く、そうしたところからご縁ができた。

ＬＤＨは、言わずと知れた、ＥＸＩＬＥをはじめとする人気アーティストが所属するエンターテインメント企業。主要メンバーと顔を合わせたところ意気投合し、未体験のエンタメ業界だったにもかかわらず、お誘いをいただいて、執行役員兼ＣＤＯに就任することが決まった。

音楽だけでなく、ライブなどの興行、映画、アパレル、飲食、ジム、スクールといったＬＤＨが手がける多様なジャンルすべてに、ＣＤＯとして一律に目を配るというのは、そうそうない仕事だ。しかも、ＬＤＨは興行収入が最大の収入源だから、まさに現場主義！

その一方で、初めてアーティストという「人間」を商材として扱う新しい挑戦になった。ヒトを扱うことで、より現場主義にならざるを得ない。モノは変わらないけれど、ヒトの心はすぐに変わる。アーティストの発言ひとつで様々なところに影響が出るため、発信する内容にはとても慎重にもなる。それでも、これまで培った現場主義が活かされたと思う。生でアーティストに会いたい、本当は生で音を楽しみたい、というファンの気持ちを大切にできたからだ。

ＬＤＨでは、それまで経験していなかった多くの発見があり、とても意義のある時間だった。これだけ経験を積んだ僕でも、まだまだ知らない世界があるんだと知ると同時に、自分が好きなことを仕事にする楽しさも、ＬＤＨでの日々が教えてくれた。

僕は音楽が好きだし、ファッションや食べることも好き。社長になるまではキャリア構築を第一に考えてきた僕が、ここに来て初めて、「好きなことを仕事にするって、こんなに楽しいんだ！」と気づいたんだ。ＬＤＨでの仕事は、本当に毎日がライブのようだった。

これによって、僕は改めて今後のキャリアについて考えた。社長になるという目標を達成し、キャリアを追う働き方は終わった。ある意味、もう老後に入ったと言っていい。実際のところ、今の僕にはそんな思いがある。だから、これからは純粋に自分の好きなこと、やりたいことをやっていこう。

自分の好きなことを、もっと幅広い形で、自分の好きな形で、人に雇われることなくやっていきたい。これまでずっと会社に所属してきたけれど、今後はどこにも属さず、いろいろな仕事を同時に回している状態にしたい。会社の予算ではなく、自分の予算の中で働きたい。そんな思いが芽生え始めた。つまり、パラレルキャリアだ。

複数の仕事を同時に進めたほうが、好きなことができる上、収入は増えるし、リスク分散にもなる。会社員には、人間関係や出世争い、クビになるリスクなど、業務以外にも考えることがたくさんあるけれど、自由な立場で複数のビジネスに携わり、複数のところから収入を得られたら、余計な不安からも解放される。それに、そのほうがきっと熱量高く生きられる。

パラレルキャリアについては、少し前から盛んに言われるようになっているけれど、わかりやすいロールモデルがまだいない。そのため、あちこちで数時間ずつ働いているからパラレルワーカーだとか、会社員で副業もしている人がパラレルワーカーだと誤解しているかもしれない。

でも本来、パラレルとは「平行」。だから、**複数のビジネスを同時に進めながら、様々な価値を世の中に提供するのがパラレルキャリアだと僕は考えている。**その上で、時間、働き方、生き方に縛られない生き方。これを、僕の最後のキャリアにしたい。

仕事が僕を選ぶまで

２０１９年10月、僕はパラレルキャリアをスタートさせた。共通の知人を介して知り合ったブランディングプロデューサー柴田陽子さんとのご縁で、アパレルブランドのＣＥＯに就任。同時に、ブランディングカンパニーのＣＳＯ（最高戦略責任者）も担わせてもらうことになった。

そして、自分の会社を2つ立ち上げた。企業の若手社員たちと大学生の「ナレッジシェアリング&ネットワーク」を目的としたコミュニティ作りを目指すペンシル&ペーパーと、コンサルティング会社としてのビジョナリー・ソリューションズ。ここで、本書の中で紹介してきた様々なビジネスやプロジェクトを引き受けている。


社会人20年目にして自分の会社を持った僕だけど、これまでサラリーマンでいることに疑問や不満はなかったのかと聞かれることがよくある。まったくなかった。むしろ「サラリーマンラブ」を公言するほど、サラリーマンが好きだった。

なぜかと言うと、自分ひとりでは到底できない経験をさせてもらえる上、お金をもらえる。たとえ失敗しても会社が守ってくれるし、自分の会社じゃないから自分のお金が減るわけでもない。最悪クビになるだけだし、もしクビになったとしても、世の中には目をつぶって歩いたらぶつかるくらい、たくさんの会社がある。それに経費だって使える。これらはサラリーマンの醍醐味であり、大いなる特権だと思う。

振り返ると僕のキャリア構築は、40年という歳月をかけて、自分が得意とするもの、より高い熱量を発揮できる場所を探す道のりだった。そのひとつがマーケティングだし、ブランディングやネーミング、ロゴ開発など、他にも熱量を懸けられるものを見つけた。

大学を卒業してからインスタグラム・ジャパンの代表になるまでの約15年は、キャリアのためだけに、がむしゃらに職務を全うしてきた自負がある。でもそのおかげで、最近になって何が起きたかと言えば、仕事を選べるようになったのだ。かなりキャリアを詰め込んできたから、経験の豊富さとか、短期間で成果を出す集中力は評価される。飲料の経験があるから大手飲料メーカーからも依頼が来るし、広告をやっていたから広告系の大きな仕事も入ってくる。

それらをこなしているうちに、最近さらに進化して、「仕事が僕を選ぶ」ようになったと感じている。僕のこれまでのキャリアや知見とは全然関係ない、思いがけない仕事が舞い込むようになったのだ。

最近では、フードデリバリーサービスのＣＣＤ（チーフ・クリエイティブ・デザイナー＝価値創造設計責任者）という新しい役職にも挑戦している。これで、２０２０年8月の現時点ではわかりやすいものだけでＣＥＯ３社、ＣＳＯ１社、ＣＭＯ１社、ＣＤＯ１社、そして

CCD1社の計7社に携わっていることになる。

最初にがむしゃらに働く期間があって、その後、仕事を選べるようになり、最終的には仕事が自分を選ぶようになる。この流れ、悪くないなと思う。だから、この境地にもう一度たどり着けるのであれば、今、学生だったとしても、同じような道を選ぶ気がしている。時代は変化しているから、もっと早く社長になれるかもしれない。

そうだとしても、新入社員なんてスキルも経験もなく、どうせ何もできないのだから、与えられた仕事すべて、やれと言われた仕事すべてを、とにかくがむしゃらにこなす期間というのは、人生に一度くらいは必要なんじゃないだろうか。

マーケターとしての原点

僕のキャリアをざっと振り返ったところで、さらに時間を巻き戻してみたい。僕のマーケターとしての原点は、幼少時代のコンプレックスだ。僕の母親はフィリピン人で、幼い僕はそのことにコンプレックスを持っていた。周りとは違うことを子供心に感じ、いつも人を見ていた。

それは、「いじめられたくない」という強烈な思いだ。父親は出張で家にいないことが多く、そのため余計に敏感になっていた。そして、なるべく目立たずに、平穏に生きていきたい……と考える、そんな少年時代を送った。

決して目立つことなく、いじめられないためには、「みんなと同じ」になることが大切だ。だから、今流行っているものや、みんなが持っているものを常にチェックして、ズボンは何をはけばいいのか、リュックなのかランドセルなのか、塾に行くのかどうか……と常に周りを気にしていた。

おかげで、いろいろほしくなった。当時「ビックリマン」のシールが流行っていて、僕もやたら集めた。でも、コレクションを自慢するといじめられるかもしれないから、聞かれたときだけサッと見せるくらいにしよう、なんて子供なりに考えていたことを覚えている（ちなみに2020年4月、ついに25弾まで全種類、コンプリートを果たした。はい、自慢です）。

また、ハーフだから日本語が下手だと思われないよう勉強したり、面白い言葉をドリフや漫画を見て覚えたりもした。汚い服を着ているといじめられるかもしれないから、そこそこきれいにしたり、お弁当のレベルを周りに合わせたり（母親に「こういうのがいい」と注文をつけていた）、バレンタインでもらうチョコの数もみんなと同じがいいとか、あらゆることを意識していた。

今となっては、これらはすべて、自分のポジショニングを探る作業だったんだなと思う。いじめられないよう市場分析して、子供同士のトレンドを追い、仲間外れにされないようにマーケティングしていたわけだ。

ただし、ビジネスなら他との差別化を図るところで、反対に、平均・普通というベンチマークを目指す。その溝をどう埋めていくか、常に人を観察しながら、周りに合わせることを意識する。そんなところから、マーケター心が芽生えたのかもしれない。

時は進んで、学生時代にもマーケターとしての原点を感じる経験がある。僕は中学・高校時代をアメリカで過ごしたのだけど、向こうでは決まった時間割というものはなく、大学のように自分の好きな科目を選んで履修することができる。そこで僕は理数系科目を多く取っていた。

なかでも物理が好きだった。ロジカルで、シンプルで、理屈がわかりやすいところも好きだ。だから成績も良く、追加で単位を取得するために、空いた時間には近くの大学の講義を聴講することもあった。それらを斡旋してくれたのが、僕の物理の教師だったミスター・クリヘル。

当時、僕は素粒子を肉眼で見る方法を研究していて、いつも顕微鏡をのぞき込んでいた。というのも、「最も小さい粒子を見つけたら、それは宇宙の仕組みがわかるということだ」という哲学が僕の中にあったから。それで、毎日ちっちゃいものばかり見ていたわけだ。

そんな僕を見て、ミスター・クリヘルは言った。「顕微鏡なんてのぞいていても、人生には何にも起きない。君はもっと人間に興味を持ったほうがいい」。ヒデ（僕のこと）は日本から来たのにたくさんの友達がいて、アジア人なのにものすごく楽しそうにみんなと交わっている（僕以外はほぼ白人しかいない学校だった）。それはとてもレアで、その個性を大事にしたほうがいい、と。

それを聞いた僕は、確かにそうかもしれない、と思った。そこからは、社会学や歴史の授業も選択して、人間について学ぶことに興味を持ち始めた。その後、日本に帰国することが決まり、刑事訴訟法の権威である渥美東洋先生に学ぶため、中央大学へ進学。幸運にも渥美ゼミに入ることができ、ひたすら人間について研究した。

たとえば、信号はなぜああいう形になっているか、横断歩道はどうあるべきか、どういう監房が最も囚人にいいか、といったことはすべて人間の心理に基づいて設計されている。こうすると人は落ち着くとか、こうすると目立つとか、こうすると手を伸ばしたくなるとか、あらゆるところに人の心理が利用されている。思い返せば、このときに学んだ刑事訴訟法は、人のことを知って行動変容を促す、まさにマーケティングそのものだったと言えるのかもしれない。

渥美ゼミのOB・OGは、当然ほとんどが法曹界に進んでいて、一般企業に就職する人間は稀だ。でも、渥美先生の僕への評価（とアドバイス）はこうだった。「君の性格上、ものすごくやり込んで、勝つことを目的にしてしまいますね。法解釈は判例や事例がすべてだから、悪い判例を作ってしまったら世の中のためにならないですね。だから、君は弁護士にならないほうがいいと私は思います」

たしかに、僕は勝ちにこだわる。それに当時から、早く出世したいと思っていた。すでに社長になりたいという思いも芽生えていたし、だったら弁護士じゃなく、就職して社長を目指そうと決めた。

常に人を気にしていた幼少時代。人についての興味が湧いた高校時代。それを真剣に学んだ大学時代。それらが、「人を見る仕事」であるマーケティングへとつながったのは、今思えばごく自然なことだったのだろう。

垣根のないキャリアを持とう

今後、ビジネスは業界の垣根を越えていく。誰もが、今やっているビジネス以外のことにも目を向けていかなくてはいけない。目先の仕事だけを見ていては、あっという間に置いていかれる。あらゆる垣根を越えてネットワークを持ち、垣根を持たないキャリアを目指さなくてはいけない。

マーケットの変化のスピードはますます速くなり、次に何が成功するか、何が衰退するかなんて、もはや誰にもわからない。

そう考えると、たったひとつの商品やサービスだけで生きていくのは賢い選択ではないとわかる。富士フイルムが技術を活かして化粧品を作ったり、ハウス食品がサプリメントを手がけたりしているのも、そうした流れの現れだろう。大企業ほど、社内に良いものをたくさん持っている。それを別のものにも使えるかもしれないと、視野を広く持ち、柔軟性を持つことが求められる。

これからの企業は、規模の大小にかかわらず、生き残るために業種・業態を越えてどんどん変化していくと予想している。アパレルだと思っていた会社が飲食を始めた、なんてことは普通になるだろう。ひとつの会社があらゆる顔を持つようになる。

そんな会社にあっては、個人も様々な経験を積んでおかないと、会社の変化についていけなくなる。そこには戦略も必要だ。何でもかんでも、手当たり次第に経験しても意味がない。まずは自分の中に軸を必ず持つこと。それが何かをできるだけ早く見定め、その軸を中心として、あらゆる経験を通して、軸をより強固にしていく。

そのとき、僕のように転職を有効に使ってもいいと思う。ひとつの会社で幅広い経験を持つことは難しいからだ。

多くの経験を積みながらも、同時に強い軸を持っていることが、サラリーマンとしての差別化になる。単なる「デジタルに詳しい人」「ECに強い人」ならたくさんいる。だからこそ、もしECを深めたいなら、食品業界か航空業界とか、他にも様々な立場でECの実績を作るといい。ECが難しいと言われる場所を経験しておくと、それは必ず強みになる。

最近では、何かアイデアがあって自ら起業する人も増えている。それはそれでいいと思う。僕もよくスタートアップ企業の社長と会うけれど、経験を積んでいるかどうか、強い軸を持っているかどうかは、話していればわかる。勢いだけで起業している人も多い、というのが正直な感想だ。それも経験として血肉にはなるのだろうけれど、戦略的に経験値を上げていくことは、起業家にもサラリーマンにも必要だと思う。

熱量でキャリアを作ろう

僕の経歴を知っている人から、転職についての相談を受けることが結構ある。そんなとき、僕はいつもこう質問する――「何のために働いているの?」。キャリアを考える前に、この問いに対する自分なりの答えがあるのかどうか、まずはそれを考えるべきだ。

転職したいと相談に来た人にこの質問をすると、大抵は答えられない。ということはゴールがないわけだから、僕としても判断のしようがない。ゴールが明確にあれば、「この会社は違うかもね」とか「今の仕事も今後生きてくるから、もう少しがんばったほうがいいよ」といったアドバイスができる。もし今ゴールがわからないなら、それが見つかるまでは、転職せずに今のところにいたほうがいい。

何のために働いているのか。その問いへの答えは、別に高尚な志じゃなくていい。世のため社会のためといった壮大な目的じゃないとダメなんてことはない。社長になりたいからでも、やったことのない仕事をやってみたいからでも、自分で納得できれば何でもいい。僕が社長を目指そうと思った理由なんて「モテたいから」だ。ついでに言うと、それは今でも僕のモチベーションのひとつ。だって、せっかくならモテたいでしょ？

キャリアを構築するポイントは、ゴールを見据えた上で、おおまかなストーリーをあらかじめ描くこと。つまり、何歳までに、どうなっていたいのか。ゴールを設定し、そのためにはどんな経験が必要かを考えて、逆算しながら行動に移す。そのときストーリーで考えると、自ずと自分の熱量も見えてくる。

転職する道を選ぶなら、履歴書にどんなことが書けるようになったらいいか、どんな要素がほしいかを考えて、それを与えてくれる転職先を探せばいい。

僕が大学を卒業した頃と違って、誰でも好きなことで生きていくことが可能な時代になった。というよりも、より個人の熱量を発揮して生きる時代になったと言えるだろう。だからこそ、今後すべての人にとって重要になってくるのがブランディングだと僕は考えている。

しかも、これからはサラリーマンにこそブランディングが必要だ。

転職をしようとしても、僕のように戦略的に履歴書を作っていない限り、自分と同じような経験を持っている人はたくさんいる。そこで差別化しようと思えば、使えるのはストーリーしかない。自分は何を考え、どんな背景で生きてきたのか、どうして今の自分があるのか、という話ができれば、「その他大勢」と差を付けられる。


サラリーマンが自分のストーリーを持つことは、強みになるだけじゃなく、自分の市場価値を上げることにもつながる。


ただし、ストーリーを語るには、自分自身の熱量に気づくことが先決だ。

あなたの熱量はどこにあるのか。あなたはどこで熱量を発揮するのか。熱量は、誰でもすでに自分の中に持っている。何かしらの熱量が、あなたにも必ずある。だから難しく考えず、気づくだけ、見つけるだけ。

昔から熱量を持っているものを今も持っている、という人は多い（僕のガンダムのように）。だから、自分が子供の頃に好きだったものを思い出してみると、そこにヒントがあるかもしれない。

また、何かに対して高い熱量を持っている人との共感を探すことで、自分の熱量が見えてくることもある。この人のビジョンに憧れるなとか、こういう仕事をやりたいなとか、自分もこの分野に興味があるなとか。他人を見てそう思うということは、その熱量の種が自分の中にもある可能性が高い。

現代は、多様な生き方を選べる時代。デジタルによってあらゆる情報にアクセスでき、そこで様々な体験をすることもできる。だから、好きなものや嫌いなもの、得意なもの、苦手なものが見つけやすい時代になったと言える。そういう時代には、自分を偽ったり、嘘をついたりしては、かえって生きにくい。それに、アルゴリズムも反応しにくい。

自分の好きなことや得意なことを見つけ、どこに軸を置くかを意識して、熱量のもとに、あなたらしいキャリアを構築しよう。自分の熱量をできるだけ早いうちに理解しておくことで、回り道を避けて、もっと自分に必要なところに人生を費やせる。

だから、好きなものを好きと言おう。
熱量をめいっぱい発揮して生きていこう！

おわりに

２０２０年2月、ちょうどこの本の執筆に取りかかったころ、新型コロナウイルスの猛威が静かに、しかし確実に、世界を覆い始めていた。その後、日本国内でも感染者が増加し、緊急事態宣言が発令されて、日常生活が一変した。街は日中でも静まり返り、リモートワークによってオフィスからも人が消え、あらゆる場面でのオンライン化が加速した。

いずれコロナ禍が収束したとしても、完全に元どおりに戻ることはないだろう。そんなアフターコロナの世界では、果たして「現場」に出ていくことが正しいことなのか。そもそも顧客がいるリアルな現場というものが、この先も重要な意味を持つのだろうか。

本書を読んで、そんな疑問を抱いた人もいるかもしれない。けれど、本書の中でも触れたように、コロナ危機でオンライン化が進んだからこそ、よりリアルな現場の重要性が増すと僕は考えている。デジタルシフトの要が現場であるのと同じように、結局のところ、顧客である人とつながることがマーケティングの至上命題だからだ。

どんなにオンライン化されたとしても、顧客はそこに漂うデータじゃない。ネットの海の向こうにいる、リアルな人間だ。その人間を相手にビジネスをする以上、何らかの形でリアルな接点を持ち、生の声を聞いて、関係性を構築する努力を続けることは欠かせない。

そして、顧客を知ると同時に、顧客に企業・ブランドを知ってもらうための鍵が、熱量だ。熱量を根底にした現場主義こそがマーケティングの真髄だという考えは、アフターコロナの世界でも何ら変わることはない。

というよりも、マーケティングというものがこの世に誕生するずっと前から、人と人との基本的な営みとして行われてきたこと、それがこの先も変わらずに大切だという話に過ぎない。僕がここに書いてきたことは、決して新しい時代の話じゃなく、昔からずっと変わらない本質だ。でも、だからこそ、それが重要なのだ。

先日、あるオンライン講演会にゲストとして参加したとき、ＭＣの方からこんなふうに言われた。「長瀬さんの肩書きは、『長瀬さん』でいいですよね？」。それが、なんだかとても嬉しかった。実際、あらゆるところに手を出しているので、自分でも「何の人」という定義が難しくなっている。

「社長」という肩書きを追い求めて、無我夢中で走り続けた15年。実際に社長となって、その後も新たなキャリア展開を図っているけれど、とにかく常に動いていた。止まっている時間など、ほとんどなかった。

そして今思うのは、「肩書きなんていらない」ということ。我ながら自己否定だとは思うのだけど、それが本音だ。社長とか経営者とか、マーケターとかクリエイターとか、そんなのはどうでもいい。今の僕があるのは、それらすべてを内包しているから。だからこそ、あらゆるジャンルの多様な仕事が舞い込んでくるのだと思っている。

もちろん、自分の核を作るまでには肩書きが必要だった。いろいろな肩書きを持って全力で走ってきた時代があるからこそ、その枠を超えて、個人の名前で仕事ができるようになった。

現在の僕は、蓄電池から日本酒、地方再生、飲食、デリバリー、キャラクター、コスメ、アパレル、サプリ、商業施設……など、多岐にわたるビジネスに携わっている。でも、どこにいても自分の仕事を定義することはない。クライアントの要望に応えること、それが僕の任務であって、そこに肩書きは必要ない。

だから、見る人によって、僕の熱量は様々に姿を変える。経営者と見る人もいるだろうし、マーケターと見る人もいる。僕のことを、ただ絵やアートが好きな人だと思っている人もいるだろうし、どこにも属していないからフリーターだと見ている人もいるかもしれない。それでいい。それがいい。

肩書きによって自分が何者かを決めてしまうと、機会や可能性を狭めることになる。僕が自分をマーケターと定義したら、もうマーケティングの仕事しか入って来なくなるだろう。それでは、僕の本当の熱量は発揮できない。

僕の今の熱量、それは、誰かのために問題を解決すること。だから、「問題を解決するのが好きな人」とか「面白いアイデアを出せる人」「何か解決の糸口を見つけられる人」といったアイデンティティがしっくりくる。

その一方で、人は常に変化している。毎日、毎時、毎分、毎秒……あらゆるところからの刺激を受け、影響を受け、その変化が終わることはない。だから、もし今の熱が冷めたら、また別のところで熱量を見つければいい。変化を恐れず、自分に問いかけよう。

そこに熱はあるんか？

長瀬次英（ながせ・つぐひで）

1976年、京都府綾部市生まれ。中央大学総合政策学部国際政策文化学科卒業。

2000年、KDD（現・KDDI）に入社。国際部、ワイアレスビジネス推進部、海事衛星通信事業部、サービス企画部などに勤務。その後、外資系広告代理店のJ. Walter Thompson Japan、外資系消費財メーカーのユニリーバ・ジャパン／ユニリーバ・オーストラリア、外資系化粧品・栄養補助食品会社のニュースキン・ジャパンで、主にブランドの戦略構築や新商品開発、アジア地域市場におけるビジネスの立て直し、新規事業開発・収益化を手がける。フェイスブックジャパンにてブランドビジネス開発責任者・クライアントパートナーとして参画した後、2014年にインスタグラムの初代日本事業責任者（BDL）に就任、日本におけるインスタグラムの収益モデルを確立した。

続いて世界最大の化粧品会社ロレアルの日本法人で初代CDO（最高デジタル責任者）に就任、日本初のCDOとして、CDO of The Year 2017を受賞。日本のデジタルトランスフォーメーションをリードする。その後、エンターテインメント会社LDH JAPANの執行役員兼CDO等を務めたのち、ナレッジシェアリング＆ネットワーキングを目的としたコミュニティーマネジメント会社PENCIL&PAPER.COM株式会社と、CDO/CEO/CMOといった経営者目線でのコンサルティングを提供するVisionary Solutions株式会社を設立し、CEOに就任。同時にエンターテインメントやコスメブランド等の顧問やアパレルブランドのCEO、ブランディングカンパニーのCSO（最高戦略責任者）を務めるほか、様々な企業や事業に参画。それらを同時平行させるパラレルワーキングを実践している。

Forbes JAPANなど様々なメディアでカリスマ経営者やトップマーケターとして紹介されるほか、その容姿とセンスを活かしてモデル業や役者業も行っている。

電話番号：090-2226-0581
メールアドレス：job314dimitri@gmail.com
ツイッター：@293tweet
インスタグラム：@293gram
フェイスブック：https://facebook.com/tsuguhide/
スタンドエフエム：@293fm

カバーデザイン　穂積岳人（SANKAKUSHA）
カバー写真　遠藤宏
本文レイアウト　SANKAKUSHA
校正　円水社
編集協力　土居悦子／松永優花

マーケティング・ビッグバン
インフルエンスは「熱量」で起こす

2020年9月4日　初版発行

著　者　長瀬次英
発行者　小林圭太
発行所　株式会社ＣＣＣメディアハウス
〒141-8205
東京都品川区上大崎3丁目1番1号
電話　03-5436-5721（販売）
03-5436-5735（編集）
http://books.cccmh.co.jp

印刷・製本　株式会社新藤慶昌堂

ISBN978-4-484-20216-7